의도의 순수성

How
Can
I
Have
Purity
Of
Intention?

김군의 마음, 순수편

의도의 순수성

1판 1쇄 인쇄일 2018년 11월 15일

지은이 김홍찬

발행인 김홍찬

펴낸곳 한국상담심리연구원

(www.kcounseling.com)

03767 서울시 서대문구 신촌로 215-2 전진빌딩3층

☎ 02)364-0413   FAX 02)362-6152

출판등록 제2-3041호(2000년 3월 20일)

값 12,000원

ISBN 978-89-89171-27-0 (03230)

이 도서의 국립중앙도서관 출판예정도서목록(CIP)은 서지

정보유통지원시스템 홈페이지(http://seoji.nl.go.kr)와 국

가자료종합목록시스템(http://www.nl.go.kr/kolisnet)에

서 이용하실 수 있습니다. (CIP제어번호 : CIP2018034961)

의도의
순수성

의도의 순수성!

아무리 그 단어를 생각하고 또 생각을 반복하여도 흠잡을 데 없는 완벽한 단어이다. 어떻게 성경에서 저런 단어를 끄집어냈을까? 놀랍기만 하다. 영국의 부흥운동을 일으켰던 감리교회의 창시자 요한 웨슬레는 의도의 순수성에 대해 마음의 할례이며 신앙의 척도라고 말했다. 그가 의도의 순수성의 중요성을 깊이 인식했음을 생각하면 더욱 마음이 일렁이고 흥분된다. 나는 의도의 순수성이라는 용어를 요한 웨슬레의 책으로부터 알게 되었다.

나는 그분이 말한 의도의 순수성에 대해 더 알고 싶어했으나 의도의 순수성에 관한 더 깊은 내용이 없어서 몹시 궁금하였다.

내가 왜 이렇게 의도의 순수성에 대해 알기를 원하는지 더듬어 생각해 보았다. 짐작컨대 그것은 아마도 내가 그렇게 순수함을 원하지만 나 자신이 그렇게 살지 못했기 때문이라고 여겨진다.

그래서 좀 더 순수 의도를 얻고자 하는 마음으로 글을 쓰게 되었다.

의도의 순수성이라는 말 자체는 추상적인 표현이지만 실상은 아주 구체적이고 실제적인 용어이다. 순수는 말로만 해서 순수가 아니다. 순수한 의도는 작게는 대인관계에서 크게는 국가와 국가 간에도 적용된다. 또한 어린아이부터 나이 많은 노인에 이르기까지 누구에게든지 필요한 용어이다. 그만큼 광범위하다.

요즘같이 정치 권력의 변수가 많은 시대에서 의도의 순수성은 마치 광맥속에 있는 보석과 같다. 정치가의 의도에 따라 국민들의 삶의 질이 달라지기 때문에 순수 의도는 더욱 절실하다. 어두운 동굴속에서는 작은 촛불하나도 절실하듯이 모든 가치관이 상실된 이시대는 가슴속에 깊이 간직된 하늘의 보석, 의도의 순수성을 캐내야할 시점에 왔다.

최근에 그루밍 성폭력이라는 신조어가 대두되어 위압이나 압력에 의해 성관계 맺었느냐에 따라 당사자 간에 문제가 발생했을 때, 어떤 관점에서 보아야 하는가? 하는 이슈가 등장하고 있다. 현재 둘 사이가 나빠진 결과에서 과거를 돌이켜 보면서 10여년 전에 벌어진 성관계를 압력에 의한 성폭력으로 여기고 법적 투쟁을 하게 된다. 과거 상대방이 정욕적 의도로 접근했다고 판단한 것이다. 그러나 이런 관점 만으로는 선의 혹은 악의를 판단할 수 없다. 정욕을 충족하기 위한 목적으로 압력을 행사하여 성관계를 목적했다면 성폭력이라고 할 수 있다. 그러나 현재 둘 사이가 갈라진 결과에서 과거의 일을 악의로만 판단할 수 없음을 이해해야 한다. 과거에는 순수 의도였지만 현재는 악의로 변할 수도 있기 때문이다. 현재 부부가 이혼을 한다고 해서 결혼할 당시 순수 의도가 없었다고 말할 수는 없다. 이처럼 순수 의도와 악의는 시간과 상황에 따라 변할 수 있음을 알아야 한다.

그러면 오늘날 의도의 순수성이 왜 그렇게 중요하고 꼭 필요한 요소인가?

의도의 순수성은 첫째로는 하늘나라에서 절대적으로 통용되는 요소이기 때문이다. 순수 의도는 천국에 가기 위한 절대적 요소이다. 주님은 이렇게 말씀하셨다. "진실로

다." 어린아이는 순수성을 상징한다. 의도의 순수성이 천국가는 절대적 요소라고 한다면 이것이 빠진 믿음으로는 하늘나라에 도달할 수 없음을 알고 비장한 마음으로 준비해야 하지 않겠는가?

두번째로는 인간 편에서이다. 극단적으로 말해서 의도의 순수성이 빠져 버리면 도대체 믿을 수 있는 사람이 없는 위험한 세상이 전개되기 때문이다. 온세상이 악의가 가득하여 그동안 믿어왔던 사람이 언제 배반할 지 모른다고 생각해 보라. 그런 사회 환경을 생각해 보라. 아마 모든 공동체가 붕괴되면서 이제는 스스로 생존을 위해 자신을 방어하기 위해 비상한 눈만 번득일 것이다. 아마 그런 세상에서는 한 시도 숨을 쉬고 살아갈 수 없게 된다. 우선 집밖을 나가면 살벌하기 그지 없는 세상에서 누구의 의도를 믿을 수 없기 때문에 우선 대화가 불가능하고 언제 폭력적인 상황이 벌어질 지 알 수가 없다.

그리고 생각하기를 "저 사람이 지금 내게 말하는 것은 나를 속이려고 하는 말이야. 저 꿍꿍이를 나는 믿을 수 없어. 아버지는 자기 스트레스 풀려고 잔소리 하는 것이지 나를 위해서 하는 말이 아니야! 저 선생님은 저렇게 좋은 말을 하지만 다 자기 밥먹고 살려고 하는 말이지 진심으로 나를 생각해서 하는 말이 아니야! 저 남자는 나를 사랑한다고 말하지만 사실은 나를 이용하려고 내게 접근하는 거야. 그것을 내가 모를 줄 알고! " 등 의도의 순수성을 의심하면 이런 말들이 오고간다. 이런 말을 하려면 밤새도록 해도 부족할 것이다.

이렇게 의도의 순수성이 파괴된 악의가 가득한 세상에서 어떻게 믿고 대중 교통을 이용할 수 있으며 물건을 살 수 있으며 믿고 음식을 먹을 수 있는가?

어느 누구도 믿을 수 없어서 현관 문을 굳게 닫고 아무에게도 문을 열어 주지 않고 세상이 무서워서 밖에 나가지도 못하는 마음 약한 어린아이나 청소년을 생각해 보라.

아무리 좋은 시설을 갖춘 시설의 학교를 다닌다고 하더라도 의도가 파괴된 사람들이 모인 곳에 최신식 시설이 무슨 소용이 있는가?

아이들을 위해서는 밖에 나가면 누구라도 믿고 대화하고

도움을 청하고 안전한 사람들이 길거리에 다니는 그런 세상이어야 한다. 오늘 부모들은 학교에 가는 자녀들에게 이렇게 말한다. "애야 혹시라도 누가 말하면 대답하지 말고 모른다고 해라!" 왜 이런 말을 해야 되는가? 사람들의 의도를 믿지 못하기 때문이다.

정말로 아이들이 마음놓고 공부도 하고 뛰어놀 수 있는 기반이 되는 사회가 되려면 이 사회에 의도의 순수성이 자리잡아야 한다.

대한민국 격변의 시대에 살아왔던 분들은 잘 알겠지만 너무나 많은 영웅 호걸이 하늘높이 솟았다가 깊은 나락에 떨어진 모습을 수없이 보았다. 나도 역시 그런 것을 보면서 자라왔다. 그런 과정을 하나하나 지켜볼 때 저사람들이 부귀 영화나 권력을 얻기 보다는 순수 의도를 가지고 국민을 위한 정치를 했더라면 저 지경에 떨어질 수 있었겠는가 하는 마음이 든다. 의도의 순수성이 없었던 불쌍한 존재들이다.

이렇게 요동치는 대한민국에서 어떻게 정치를 하고 국회의원이 되고 교사가 되고 목사 혹은 신부가 되겠는가?

어떻게 청소년들에게 꿈을 가지고 도전해 보라고 말할 수 있는가? 심히 걱정된다.

이 세대에 살아가는 우리들은 이미 평화를 잃어버렸다. 너무나 뿌리깊게 악의를 가진 자들의 행태를 일찍 알아버렸다. 그래서 온 세상을 의심할 수 밖에 없고 의심에 근거해서 법을 만들고 제도를 만들어 오히려 그것이 더 의심과 불신을 키우게 되었다. 의도가 문제가 있는데 어찌 강한 법으로 해결할 수 있다는 말인가? 사회법을 아무리 더 강하게 만들어 보라. 항구적 평화가 오겠는가? 이제는 지나가는 유치원 꼬마 아이들에게도 말붙이기도 어려운 세상이 되어 버렸다. 도대체 이 사회에 무엇이 빠진 줄도 모르고 이미 평화를 모두 빼앗겨 버렸다. 간악한 인간들로 인해 이미 마음은 상처를 입었다. 그리고 그 환경속에 젖어서 그 온도에 맞게 정상인 듯 살아가고 있다. 마치 알코올 중독자가 홀짝홀짝 조금씩 마시던 술로 몸이 적응이 되어 알코올 중독자가 되는 것처럼 이미 악의적인 환경속에 살면서 그 환경에 젖어서 살아간다. 오염된 물에 사는 물고기처럼 되었다. 의도의 순수성이 없어지면 세상은 그야말로 비난이 난무하는 세상이 된다. 믿을만한 인간들 사이에서 행복한 미소를 지으면서 살기를 원하지만 아침에 일어나면 비난과 오만가지 비리의 뉴스가 쏟아진다. 이제는 뉴스도 믿을 수 없게 되었다. 마치 곡예를 타는 것 같다.

거친 풍랑이 일고 비바람이 몰아치고 거센 폭풍이 밀려오는 바다 한가운데 있는 작은 돛단배가 춤을 추는 것처럼 온갖 뉴스가 올라오는 것을 보면서 저런 뉴스조차도 그대로 받아들일 수 없는 시대가 되었다.

어떤 연예인이 어떤 실수로 인해 모든 사람들에게 알려졌을 때 비난의 뉴스와 수만의 댓글이 올라와 갖가지 비난이 쏟아지는 그런 가운데서 그야말로 살 길을 못찾고 세상을 떠나는 모습을 보았다.

오늘 한국 사회가 이 지경에 떨어진 것은 의도의 순수성이 파괴되어 버렸기 때문이다.

나는 의도의 순수성을 잃어버린 오늘의 교회와 사회에 희망이 있을까 하는 걱정이 가득하다. 이미 악이 만연한 이 시대에 만병 통치약이 뭐가 있을까? 하고 고민하다가 주님께서 주신 깨달음으로 의도의 순수성이라는 사실을 알게 되었다.

의도의 순수성이 빠져버린 믿음과 헌신과 사명은 믿음이 아니요 헌신도 아니요 사명도 아니라는 결론을 내렸다.

그리고 의도의 순수성은 교회뿐 아니라 사회에도 동일하게 적용되어야함을 깨닫게 되었다. 정말로 그러하다. 의도의 순수성이 빠져버린 국회의원은 당리당략에 얽매인 시정 잡배에 불과하고 의도의 순수성이 빠진 고위 관직 인사들은 노략질하는 깡패라는 사실도 알게 되었다.

의도의 순수성이 빠진 교사를 상상해보라. 누가 그의 인격과 가르침을 따르겠는가? 만일 따른다고 한다면 그의 가르침으로 잡초같은 지식이 학생에게 옴붙을 것이 아닌가? 의도의 순수성이 빠진 종교인을 생각해 보라. 그 속에서 무슨 천국의 진리가 나올 수 있다고 믿겠는가? 그가 진리를 말한다면 이미 말장난에 불과한 문학적 표현에 불과할 뿐이다. 위생과 건강에 관심이 없는 조리사가 만든 음식을 상상해 보라. 그의 음식을 어떻게 믿고 먹을 것인가?

중국 속담에 양심없는 의사의 손에 놓인 좋은 약보다 양심있는 의사의 손에 놓인 나쁜 약이 더 좋다고 하였다. 그만큼 주체가 어떤 의도를 가지고 있느냐가 오히려 유익하다는 뜻이다.

이 사회 구석구석 기초단위에서 최상위에 이르기까지 의도의 순수성은 없어서는 안되는 중요한 덕목이다.

아! 선조들이 금수강산이라고 노래하고 인심좋고 예의바르다고 칭찬받던 동방예의지국이 어쩌다 이런 환경으로 전락되었는가?

그러므로 이제 순수 의도를 회복할 때가 되었다. 다시 말하지만 변화가 필요하다. 이제 한국 사회는 남북이 통일되기 전에 먼저 찾아야할 것은 순수 의도이다. 그래서 남북한 관계자들이 순수한 의도로 통일을 논의하고 이 민족이 살 길을 찾는다면 칠천만 민족이 신뢰로 대하고 평화롭고 안정되고 믿을만한 환경을 만들어 낼 수 있다.

순수 의도만 회복된다면 통일은 얼마든지 가능하다.

아마 나의 이 말에 비웃는 분이 있을 것이다. 그는 너무 오랫동안 거짓된 세상에 살면서 속고만 살아왔기 때문에 의도의 순수성의 위력을 경험하지 못한 분이다. 그런 자는 아무리 좋은 말을 해줘도 믿지 않고 악의로만 해석한다. 가슴 아픈 이야기이다. 세상에 와서 한번도 신뢰할만한 사람이나 친구나 부모 형제를 만나지 못했다는 것은 너무나 슬픈 이야기이다. 이런 사실에 대해 가슴치며 통탄할 일이다.

세상에 와서 부모 형제가 좋은 이유는 무엇인가? 그들의 본심을 믿을 수 있다는 점이 아닌가? 그들의 의도마져 의심한다면 메마른 세상에서 어떻게 살아남을 것인가?

나는 의도의 순수성의 책을 편찬하면서 주님께서 그렇게 간절하게 성경 여기저기에서 의도의 순수성을 강조하셨다는 사실에 놀랐다. 반복하지만 주님께서는 순수 의도 없이는 절대로 천국에 갈 수 없다고 하셨다. '절대로' 라는 말을 상기하라. 그만큼 중요하다는 말이다. 이제 온 세계는 다양한 종교와 다양한 언어와 피부색이 다른 사람들이 서로 어울려서 사는 시대가 되었다.

이제 희망은 순수 의도의 바탕위에서 평화로운 나라를 만들었으면 좋겠다. 간혹 그렇게 강조하더라도 그렇지 못한 이들이 득세하여 피해를 줄 수도 있지만 그래도 사회 밑바탕에 순수 의도의 기초 위에 새로운 사회가 건설되기를 바란다. 교회는 그 일을 위해 발벗고 나설 때가 되었으며 교육도 이제 그것을 가르쳐야만 하는 시대가 되었다.

김군의 마음 시리즈 10번째 책을 내게 되었다. 그간 동물, 인체, 질병, 광물, 감정, 식물, 숫자, 천로 여정편을 내었다. 이 책으로 진리에 대한 지식이 풍성해지기를 기대한다. 인간은 저세상, 하늘나라에서 살아야 하는 숙명을 가지고 이 땅에 태어났다. 하늘나라가 어차피 가야할 나라 라고 한다면 하늘나라에서 요구되는 진리의 지식은 기본적으로 이해해야 하지 않는가? 김군의 마음이 그런 류의 책이다.

순수한 의도로 진리를 찾고자 하는 자들에게는 이 책이 좋은 선물이 되리라고 확신한다.

2018년 초겨울

김홍찬(Ph.D)

| 차례 |

서문

의도 라는 이름의 보물상자

어린아이 둘이 서로 다투고 있었다. 한 아이가 말하기를 "이제 너하고 안 놀거야!" 하고는 화가 나서 집으로 갔다. 다음 날 그 아이는 어제 다퉜던 아이의 집 앞에서 그 아이를 불러내어 아무 일이 없었다는 듯이 스스럼없이 공을 가지고 놀았다. 사이좋게 웃으면서 하루를 즐겁게 보냈다. 나는 그 장면을 보면서 어떻게 저런 일이 가능할까? 하고 생각했다. 둘 사이의 평화는 어떻게 오게 된 것일까? 그 아이들은 본래 싸울 의도가 없었던 것이다. 다시말해 의도는 평화를 원했다. 의도가 둘 사이를 평화롭게 만들었다. 아무리 싸웠다고 하더라도 선한 의도가 있다면 둘은 언제든 평화롭게 지낼 수 있는 근거가 된다. 막상 의도라는 상자 뚜껑을 열고보니 그 상자 안에는 평화가 가득하였다.

사람의 마음은 의도의 보물 상자와 같다. 겉으로 드러난 말과 행동은 속에 있던 의도가 드러난 것이다. 하지만 의도를 숨길 수도 있다. 내재된 의도는 언제나 그에게 삶의 방향을 이끌고 있다. 왜냐하면 의도는 목적이기 때문이다. 의도는 목적을 가지고 현재의 행동을 좌우한다.

 그러므로 사람의 의도는 종교로부터 직업, 가정생활, 대인관계 등 모든 면에 영향을 미칠 수밖에 없다. 그만큼 의도는 한 개인의 삶에 지대한 영향을 미치고 나아가서 사회에도 파급되는 영향력이 매우 크다. 그러므로 자신의 의도를 스스로 점검하고 살피지 않으면 의도가 삐뚤어진 방향으로 자리잡을 수 있음을 알아야 한다. 자신도 모르게 실수하는 경우에도 스스로 의도를 점검해 보아야 한다.

 인간은 자신의 의도를 점검하지 않고 살기에 자신은 아무 문제가 없는 것처럼 여기기도 하고 또 타인을 경멸하기도 하며 상대방에 대해 온갖 비난을 퍼부어 대기도 한다. 하지만 성숙한 자는 남을 비난하기 전에 먼저 자신의 의도를 점검한다. 그러므로 이제 의도의 보물상자를 열어서 자신의 의도를 점검할 때가 되었다. 때가 악하기 때문이다. 어떤 높은 위치에 있는 자가 타인의 행동을 판단하거나 비난할 때 과연 이 일이 객관적 판단인지 아니면 개인의 악감정인지를 먼저 성찰한 후에 판단한다면 아마도 이 사회는 많이 달라졌을 것이다. 그러나 고의로 상대방을 단죄하고 문제가 있는 자로 낙인을 찍게 되면 그 일을 당하는 당사자는 마치 주홍글씨가 새겨진 것처럼 일생을 의도의 희생양으로 전락하기도 한다.

특별히 종교 생활에는 더욱 그러하다. 왜냐하면 신앙을 갖는다는 말은 하나님이 자신을 보고 계신다는 확신의 바탕에서 시작한다. 하나님이 보고 계시므로 더욱 자신의 의도를 면밀하게 살펴 보아야 한다.

유대인들이 예수를 고발하기 위해 이런 질문을 던졌다. "안식일에 병을 고쳐주는 게 합법적입니까?" 이런 질문은 예수를 고발하기 위한 의도에서 나온 질문이다. 유대인들은 이런 목적을 달성하고자 종교의 명분을 내세웠다. 유대인은 안식일에 베푼 주님의 병고침을 가지고 고발할 빌미를 얻고자 교묘한 말로 획책하였다. 이런 교활한 의도는 결국 주님을 죽이는 데까지 몰고 간다. 왜곡된 추론은 진리를 파멸한다. 그들의 의도 상자속에는 악의

꾀가 도사리고 있었다. 악한 의도로 진리되신 예수를 죽이고자 하였다. 자신의 마음속에 들어있는 의도의 보물상자를 열어보라.

의도의 두 얼굴

보통 사람들은 진정한 의도와는 관계없이 겉으로 나타난 모양새를 칭찬 받고자 한다. 중요한 것은 마음속에 들어있는 의도이다. 마음속에 선한 의도가 올라올 때 칭찬받아야 마땅하다. 그러므로 스스로 지금 떠오르는 이런 생각이 어떤 목적에서 올라온 것인지를 판단해야 한다. 즉, 선한 목적인지 악한 목적인지를 알아보는 것이다. 선한 목적이라면 그 속에는 진리와 선의 아름다움이 들어있다.

반면에 악한 목적이라면 이기적이고 파괴적이다. 악한 의도는 마치 늑대가 숲속에서 먹잇감을 덮치기 위해 뛰쳐 나오듯이 악과 거짓이 드러난다. 이처럼 의도의 보물상자에는 선과 악의 두 얼굴이 있다.

HOW CAN I HAVE PURITY OF INTENTION?

1장

의도의 순수성_ 생명수의 바다

플라톤은 존재의 원형을 이데아(Idea)로 보았는데,
이데아는 질서의 원천과 목적이며 최고 인식의 내용이
된다고 보았다. 그리고 모든 이데아 중의
최고의 이데아는 선의 이데아라고 했다.

의도의 순수성

  의도의 순수성은 동기의 순수이다. 의도에는 행위의 목적이 들어있다. 의도가 중요한 이유는 의도 속에 목적이 들어 있기 때문이다. 의도를 알면 진정 그가 무엇을 원하며 무엇을 목적하는지를 알 수 있다. 그런 면에서 의도는 삶의 중심을 이루는 핵과 같다. 의도에는 두 가지가 있다. 선의와 악의이다. 선의는 선한 목적이며 악의는 악한 목적을 말한다. 선한 의도를 가진 자들은 진리를 추구한다. 반면에 악의를 가진 자는 거짓을 추구하거나 진리를 추구하는 척한다.

  순수의 어원은 영문 사전을 찾아보면 "결백과 무죄"이다. 일본어 사전에는 "청정, 순결, 순진함, 결백, 무죄, 무지, 단순"이라고 적혀 있다.

순수는 진리 앞에서 겸손한 상태이다. 자신은 부족하여 악 밖에 없음을 시인하는 상태이다. 진리의 빛 앞에서 자신을 살펴보고 자신의 부족함을 고백하는 것은 진실된 마음과 함께 겸손함이 내재된 것이다.

감리교회의 창시자 요한 웨슬레는 그리스도인의 완전이라는 책에서 "의도의 순수성(Purity of Intention)"을 말했는데 그는 그리스도인이 어떤 일을 하고자 할 때 그 의도와 열망이 하나님을 향한 순수한 사랑에서 비롯되어야 하며, 의도의 순수성은 신자의 영적 수행을 분별하는 가장 중요한 판별 기준이라고 말했다. 그는 덧붙여 말하기를, 우리의 노력이 완전히 하나님께 바쳐지지 않고 자신을 위한 것이 된다면 이는 결국 사탄을 위한 것이 되고 만다고 강조했다.

요한 웨슬레는 의도의 순수성을 행동의 판별기준으로 보았다. 그러므로 순수는 창조의 목적이며 신성한 영역이고 영혼의 최상의 상태이며 인간이 선하게 되기 위해서는 반드시 있어야 하는 중요한 요소이다.

의도는 하나의 길과 같다. 사람들은 길을 따라서 목적지에 간다. 길은 목적지에 가기 위한 수단이다. 예컨대, 산 길, 밭 길, 논 길, 골목 길, 대로 등은 목적지를 향해 있다. 인간이 길을 따라 걸어갈 때 자신이 원하는 목표 지점에 도달하듯이 의도는 목적을 갖고 있다.

고로 선한 의도를 가지고 길을 가다 보면 선의 종착지에 도착할 것이고 악한 의도를 가지고 살다보면 결국 악의 종착지에 도달한다. 사람이 걷는 길은 의도에 따라 나타난 표시이다. 사람은 의도에 따라서 길을 걷게 되며 그에 맞는 종착지에 도달한다.

그러므로 사람의 발자취를 보면 그의 의도를 알 수 있다. 성경에는 크게 두 가지 길을 제시하고 있다. 하나는 좁은 길이며 하나는 넓은 길이다. "좁은 문으로 들어가라 멸망으로 인도하는 문은 크고 그 길이 넓어 그리로 들어가는 자가 많고 생명으로 인도하는 문은 좁고 길이 협착하여 찾는 자가 적음이라(마7:13-14)."

생명으로 인도하는 문은 좁고 협착하여서 찾는 사람이 적다고 하였다. 하지만 멸망으로 인도하는 문은 넓고 그

길로 가는 사람들이 많다고 하였다. 생명으로 인도하는
길이 좁고 험하고 협착한 까닭은 길 자체가 험해서가 아
니다. 사람들은 길이 나쁘더라도 오히려 위험을 무릅쓰
고 모험을 즐긴다. 길이 험하고 어려워서 가지 않는 것이
아니라 길을 찾기가 어려워서 이다. 좁은 길을 찾으려면
통찰력과 깨달음, 지각, 명철, 지혜가 요구된다. 그런 지
혜를 얻기 위해서는 무엇이 필요한가? 순수한 마음이다.
순수한 마음은 자신의 지혜가 아니라 주님께서 주셨다
고 시인하는 마음속에 있다. 인간의 눈으로는 그 길을 볼
수가 없고 주님이 주시는 통찰력으로만 발견할 수 있다.
고로 생명 길을 걷고자 하면 순수한 의도가 있어야 한
다. 의도가 순수하지 못하다면 생명 길은 아마도 영원히
발견하지 못할 것이다.

그러므로 순수한 의도는 생명의 길과 멸망의 길, 선의
길과 악의 길을 선택하는데, 중요한 궤도이다. 당신은 주
님이 주시는 선에 의해 움직이고 있음을 시인하면서 길
을 걷고 있는가? 아니면 자신의 꾀로 길을 걷는가?

그 의도의 차이는 천국과 지옥의 차이만큼 엄청난 결과

를 가져오게 될 것이다.

순수는 무엇인가?

순수는 진리를 이해하고 선을 목적하는 상태이다. 사람이 순수에 머물게 되면 자연스럽게 거짓이 사라지고 악에서 벗어난다. 그만큼 순수에는 정화 능력이 있다.

순수는 삶을 진지하게 살고자 하는 자에게 찾아오는 하늘의 선물이다. 순수한 자의 목적은 욕심을 부리거나 세속에 타협하거나 타인을 망가뜨리지 않는다.

그러므로 욕심이나 이기적인 마음 상태에는 절대로 순수가 머물 수가 없다. 순수하지 못한 의도를 가지고 영웅심에 젖어 있는 자가 있었다. 그는 틈만 생기면 주변인을 이용하고자 했으며 자신이 높아져야만 직성이 풀렸다.

그는 언제나 타인을 자신의 욕망을 위한 도구로 이용하고자 했다. 그는 자신이 뭐라도 되는 듯이 큰소리를 쳐댔다. 그리고 그것을 감추기 위해 분노하고 악을 쓰고 때로는 아부를 하였다.

그리고 말하기를 "주님께서 이런 응답을 주셨다" 고 말을 하는데, 그 속에 정말로 주님께서 주셨는지 자신이 주님과 가깝다는 표시를 하기 위해 말하는지 알 수 없다.

주로 이런 식의 표현에는 겸손이 빠질 위험이 있다. 물론 모두 다 그런 것은 아니다. 겸손하지 않으면 그만큼 순수를 오도할 위험성이 있다. 순수한 마음에는 반드시 겸손이 수반되기 때문이다.

예컨대, 기도를 마친 후에 기분은 좋아지고 마음은 후련해졌는데 자신이 무엇을 기도했는지 도대체 모르고 여전히 옛 생활로 돌아가서 주변을 혼란의 도가니로 빠뜨리면서 스스로 자신은 기도하는 자라는 자부심을 가지고 있다. 이런 자의 순수를 믿을 수 없다. 그러므로 정말로 두렵고 떨리는 마음이 필요하다.

그러면 어떤 모습이 순수한 모습인가? 이사야 선지자가 성전에서 고백했던 "화로다 나여 망하게 되었도다." 와 같은 겸손한 고백이 있어야 한다.

순수는 진실한 고백이 함께 수반하는 겸손의 상태이다. 이처럼 순수와 겸손이 함께 하는 이유는 그 분의 빛 앞에 선다는 것은 절대적 순수 앞에 서 있기 때문이다.

29

순수없이는 그 빛을 받아들일 수 없다. 고로 겸손하고 진실된 마음으로 자신은 아무 것도 아니라고 고백하며, 혹시라도 자신에게 선한 부분이 있다면 주님께서 주신 것이라고 고백한다면 순수한 상태에 있다고 말할 수 있다. 또한 순수는 상태에 따라 다르게 나타난다.

예컨대, 초등학생과 대학생이 각각 "나는 순수하다" 고 말할 때 그 뉘앙스와 내용과 배경, 수준이 다를 수밖에 없다. 이처럼 사람마다 순수는 다양하다. 진리와 비진리 사이에서 또 선과 악 사이에서 어느 정도의 지식 수준에 있는지 어떤 삶을 살고 있는지에 따라서 그들의 순수는 다를 수밖에 없다. 순수는 사람마다 차이가 있음을 말하지 않을 수 없다.

성경에서 말하는 순수

창세기에 등장하는 아담과 하와는 하나님과 더불어 대화했던 존재이다. 그 당시 사람들은 그만큼 지각이 뛰어난 상태를 갖고 있다. 순수의 원형을 갖고 있었다고 보아도 좋다.

플라톤은 존재의 원형을 이데아(Idea)로 보았는데, 이데아는 질서의 원천과 목적이며 최고 인식의 내용이 된다고 보았다. 그는 모든 이데아 중의 최고의 이데아는 선의 이데아라고 했다. 그런 면에서 아담과 하와가 살았던 에덴의 상태는 인간이 꿈꾸고 그리워하는 선의 이데아의 세계이다.

에덴동산은 최상의 선이 머무는 나라이다. 그곳은 인간의 선과 함께 모든 동물과 식물이 조화를 이루는 세계이다. 성경에는 이런 완전한 상태 즉, 악으로 인해 두려움이 없는 상태를 이렇게 표현했다.

"이리가 어린 양과 함께 살며 표범이 새끼 염소와 함께 누우며 송아지와 새끼 사자와 살진 짐승이 함께 풀을 뜯고 어린 아이가 그것들을 이끌고 다닌다(사11:6)."

이 구절은 평화와 순수의 상태를 의미한다. 상징적 의미로 이리는 거짓의 지배 원리를 뜻하고 표범은 잔인한 욕망을 말하며 사자는 사납고 강한 세력을 의미한다. 이는 순수에 반대되는 상태를 상징한다. 반면에 어린양은 순진무구 상태를, 새끼 염소는 순수 지혜의 상태, 송아지는 일상적 생활속에서 드러나는 순수를 상징한다.

다시 말해서 선과 함께 모든 것이 완전한 상태를 말한다. 이리와 어린양, 표범과 새끼 염소, 송아지와 새끼 사자는 순수 상태와 그렇지 않은 상태를 대비시켜 놓았다. 그리고 어린아이가 그것을 이끌고 간다고 하였다. 이는 어린아이가 의미하는 순수한 의도가 일상생활을 이끌고 있음을 의미한다. 이는 순수가 이끌 때 악이 주는 위험과 두려움이 없는 최상의 상태가 됨을 말해준다. 신의 성품에 일치하는 선한 상태이다.

이는 본래 인간의 모습을 보여주는데 순수를 잃어버린 오늘날 인간의 모습은 모든 조화가 깨져버린 상태를 드러낸다. 그리하여 인간은 부조화로 인해 고통을 겪게 되었다. 고로 순수를 잃어버린 인간은 신 앞에 제사를 드거나 신의 부름 앞에 섰을 때는 반드시 순수를 의미하는 짐승을 바치게 된다. 그런 예물을 하나님이 받으신다. 예컨대, 하나님의 사자가 나타났을 때 재판관 기드온은 염소 새끼를 준비하였으며(삿6:19) 삼손의 아버지 마노아도 염소새끼를 준비하였다(삿13:15). 이들은 천사의 빛 앞에서 죽지 않으려면 염소 새끼가 필요했기 때문이다. 다시말해서 사람에게 염소새끼가 의미하는 순수 지혜가 없으면 주님의 계시가 주어질 수 없다는 말씀이다. 천사를 보고 난 후에 마노아는 아내에게 이렇게 말했다. "우리가 하나님을 보았으니, 우리는 틀림없이 죽을 것이오."

그러자 그의 아내가 그에게 말하였다.

"만일 주님께서 우리를 죽이려 하셨다면 우리의 손에서 번제물과 곡식예물을 받지 않으셨을 것이며, 또 우리에게 이런 모든 일을 보이거나 이런 말씀을 하시지도 않으셨을 겁니다(삿13:22-23)."

그리하여 마노아는 새끼 염소 한 마리와 곡식예물을 가져다가 바위 위에서 제물로 드렸다. 그들은 이렇게 제사를 드리지 않으면 그들이 죽을 것이라고 믿었다.

종교적 교만이 가득찬 오늘날, 어떤 사람이 자신을 드러내기 위해 말하는 것처럼 하나님이 자신에게 이렇게 저렇게 하라고 말씀하셨고 축복을 주시겠다고 약속하셨다는 말을 들을 때 두렵고 떨리는 마음이다. 정말로 순수를 의미하는 예물을 바쳤던 이들과 얼마나 대조적인가!

33

순수를 소중히 여겨 순수를 상징하는 짐승을 들고 두려운 마음으로 제물을 드렸던 이들과 하나님을 만홀히 여기는 자를 볼 때 비교가 된다.

죄 많은 인간이 말하기를 하나님이 함께 하셔서 자신을 축복하셨다고 하는 말을 들을 때, 그 말을 듣기에 두렵고 민망스럽다. 마치 그분을 인간을 위해 존재하는 분으로만 여기지는 않았는지 삼가 자신을 돌아보자!

순수를 상징하는 염소 제물을 바치는 다른 경우는 사람이 실수로 죄를 저질러서 자신의 죄를 용서받고자 할 때이다. 성경에 이렇게 기록되었다.

"그는 자기가 지은 죄를 깨닫는 대로 곧 자신이 지은 죄를 속하려면 흠 없는 암염소 한 마리를 제물로 끌고 와서 그 속죄제물의 머리 위에 손을 얹은 다음에 번제물을 잡는 바로 그 곳에서 그 속죄제물을 잡아야 한다(레4:28)."

실수를 저지는 후에 자기 죄를 깨닫게 될 때, 염소새끼나 암염소를 제물로 바쳤다. 이는 염소가 순수 지혜를 의미하기 때문이다.

그러므로 누구든지 진정으로 주님과 함께 하기를 원한

다면 그 사람은 먼저 순수한 마음을 준비해야만 한다.

주님께서는 순수한 마음 상태에 임재하시기 때문이다.
주님은 말씀하시기를 "너희가 돌이켜서 어린이들과 같이 되지 않으면 절대로 하늘나라에 들어가지 못할 것이다(마18:3)."고 하셨으며 "누구든지 어린아이와 같이 하나님 나라를 받아들이지 않는 사람은 거기에 들어가지 못할 것이다(막10:15)."고 말씀하셨다. 이런 말씀을 하신 이유는 어린아이는 순수를 의미하기 때문이다.

왜 하나님은 순수를 귀하게 여기실까? 순수가 사라지면 인간은 악용을 하는 버릇이 있기 때문이다. 자신의 이기심을 위해 종교, 높은 지위, 지식, 재물 등을 이용하여 악용한다. 이들에게 옳고 그름에 대한 판단은 이기심을 위한 방편일 뿐이다.

일생을 종교인으로 살아왔으면서도 하나님이 자기를 도와주시는 분으로만 생각하고 이기심에 빠져 버린 경우를 본다. 그는 진리에 대한 순수한 마음이 없고 종교를 자신을 축복해주는 도구로 이용해 왔다.

종교를 기분 전환으로 사용하거나 신분 상승의 도구로

사용한 자의 최후를 살펴보라. 그에게 무슨 열매가 맺혔는가! 천사 앞에 두려운 마음으로 염소새끼를 준비하였던 마노아 같은 자세를 왜 배우지 않는가?

좀 더 나아가서 이런 순수에 관련된 비유는 신약 성경에 등장한다. 즉, 제 것을 챙겨서 아버지를 떠나 먼 지방으로 가서 방탕하게 살면서 재산을 낭비하였던 둘째 아들의 이야기이다. 그는 타지방에서 흉년을 만났는데, 먹을 것이 없게 되었고 매우 궁핍하게 되어서 아버지에게 돌아가게 된다. 그러자 아버지는 그에게 가장 좋은 옷을 꺼내서 입히고 손에 반지를 끼우고 발에 신을 신기고 살진 송아지를 끌어내다가 잡았다(눅15:11-24). 둘째 아들은 아버지가 주는 살진 송아지를 먹게 되었다. 송아지는 일상적 삶의 순수함을 상징한다. 둘째 아들이 송아지를 먹음은 삶속에서 순수한 선이 머물게 되는 새로운 상태를 의미한다. 이처럼 순수는 하늘나라의 상태이다.

주님의 경우에 "그는 굴욕을 당하고 고문을 당하였으나, 아무 말도 하지 않았다. 마치 도살장으로 끌려가는 어린 양처럼, 마치 털 깎는 사람 앞에서 잠잠한 암양처럼 끌려가기만 할 뿐 아무 말도 하지 않았다(사53:7)."고 하였다. 주님께서 고난에 대처하는 이런 모습은 '최상의 순수' 그 자체임을 보여준다. 인내를 가지고 자기변명을 하거나 대항하지 않으시고 마치 기다렸다는 듯이 숙명적으로 이를 받아들였다. 이는 굴욕을 당할지라도 끝까지 참고 인내하는 순수 상태를 의미한다. 순수는 인내의 모형이라고 말할 수 있다.

순수(Purify)의 영적 의미

옷을 갈아입음

야곱은 벧엘로 올라가라는 하나님의 음성을 듣고 자기와 함께 한 자들에게 이렇게 말한다.

"너희 중에 있는 이방 신상들을 버리고 자신을 정결하게 하고 너희들의 의복을 바꾸어 입으라(창35:2)."

이방 신상을 버린다는 말은 거짓을 거절함을 의미한다. 또 자신을 깨끗하게 하고 의복을 갈아입는 것은 악의를 버리고 순수 의도를 가진다는 의미이다. 즉, 신성으로 나아감이다. 그러나 이와 반대로 악한 의도를 드러낸 사건이 있다. 유대 땅을 통치하던 헤롯 왕이 베들레헴 구역 안에 있는 남자 아이를 두 살부터 그 아래로 살해한 사건이다(마2:16). 지금으로부터 2,000년 전에 폭군 헤롯 왕은 영아를 살해하는 만행을 저질렀다. 헤롯이 이런 짓을 저지르게 된 배경에는 그가 아기 예수 탄생에 대해 분노했기 때문이다. 통치자가 악한 의도를 가지고 자기 생각대로 되지 않으면 몹시 분노하여 악의적 이빨을 드러낸다.

이처럼 악의를 가진 자들은 자신이 믿었던 사실과 맞지 않으면, 그나마 보여주었던 거짓 순수가 사라지고 악의를 드러낸다. 헤롯의 경우가 그랬다. 그는 분노를 드러내어 베들레헴과 그 일대에 있는 모든 아기들을 죽였다. 영아는 순수의 상징물이다. 헤롯이 순진무구한 영아를 살육하였다는 것은 어떤 순수도 남아있지 않게 되었다는 뚜렷한 증거이다.

이는 예수께서 세상에 오실 때의 어두움의 상태를 반영한다. 예수께서 베들레헴 마을에 오셨다. 베들레헴은 생명의 떡을 의미하는데 이는 하나님의 말씀을 의미한다. 베들레헴 주변의 아이들을 죽였다는 말은 순수한 말씀의

진리를 파괴했다는 뜻이다. 악이 손을 뻗을 수 있는 최대
한도까지 뻗어서 순수를 파괴한 것이다. 그리하여 유대
교회에 있는 순수 진리는 파괴되고 말았다.

물로 몸을 씻는 것

주님은 금식할 때 얼굴을 씻고 머리에 기름을 바르라고
말씀하셨다. 얼굴을 씻는다는 것은 내면을 깨끗하게 한
다는 표현이다. 이는 회개를 통해서 질서를 회복함이다.
다시 말해서 악에서 오는 모든 영향력을 차단하려고 노
력하는 자세이다. 고로 바르게 살고자 하는 이들은 기쁜
마음으로 악의 영향력을 물리쳐야 한다. 어쩔 수 없이 악
을 버리는 것이 아니고 남의 눈의 이목으로 인해 체면상
내놓는 것이 아니다. 순수한 의도로 하는 것이다.

성경에서 물은 깨끗하게 하는 수단이다(민19:2-11). 물로
몸을 씻는 것은 마음을 깨끗하게 하는 표시이다. 주님께
서 요구하시는 것은 악으로부터 마음을 깨끗하게 하는
것이다. 그러나 주님 당시의 바리새인은 마음을 깨끗하
게 하는 것이 아니라 위선적으로 보이기 위해 손만을 씻
었다. 겉만 깨끗하게 한 것이다. 하지만 주님은 마음 안

쪽을 먼저 깨끗하게 할 때 바깥쪽도 깨끗해진다고 말씀하셨다. 주님은 외식하는 바리새인을 향해 "너희는 왜 너희의 전통을 핑계 삼아 하나님의 계명을 어기고 있느냐?"고 질책하셨다. 주님은 이렇게 보이기 위한 순수하지 못한 종교적 행위를 하는 바리새인들을 두고 "위선자"라고 말씀하셨다. 이들은 종교적인 품위를 타인에게 보이고자 외식적인 행동과 종교의식을 하였고, 하나님을 섬긴다고 하지만 속으로 들어가 보면 결국 자기 이익과 자아 사랑만을 추구하였던 것이다. 이 부분에 대해 이사야는 이렇게 예언하였다.

"이 백성이 입술로는 나를 공경하여도 마음은 나에게서 멀리 떠나 있구나! 그들은 나를 헛되이 예배하며 사람의 계명을 하나님의 것인 양 가르친다."

입술은 생각을 표현하는 도구이고 마음은 의도를 의미한다. 마음이 멀리 떠나있는 입술만의 공경은 헛된 예배라는 말이다. 순수 의도가 없는 종교적 섬김은 오히려 하나님께 모독이 된다. 이런 예배는 헛될 뿐이다. 이런 종교적 행위는 자아를 높이기 위한 수단에 불과하다. 오늘

날은 어떤가? 종교적 지도자는 진리를 전해줌으로 어떻게 하든 하나님을 잘 섬기도록 신자들을 독려해야 할 위치에 있는 자들이다. 그러나 돈이나 헌금과 같은 재물을 기준으로 신앙을 평가하고 있다. 하지만 돈 액수의 많고 적음이 신앙의 정도를 측량하기는 어렵다. 이미 거대해진 교회 조직을 운영하는데 돈은 절대적 위치에 올라와 있다. 오늘날 회개와 순수의 정도를 돈으로 평가할 수밖에 없는 불행한 현실에 직면했다. 돈이 신앙의 척도를 측량하여 평가하는 기괴한 짐승같은 조직체가 되어가고 있다. 순수가 사라진 교회의 모습이다. 또한 돈으로 감사를 표현하고 돈으로 종교적 자리를 탐하고 있다.

 순수한 마음으로 회개와 헌신으로 일생을 살겠다고 하는 자들 사이에서 매관매직하듯이 돈으로 종교적 위치를 점유하고 있다. 나는 대학교 시간 강사로부터 이런 이야기를 들었다. 그는 어느 대학교 교수가 되기 위해 면접시험을 보았는데, 나무 두 그루를 심을 수 있느냐는 말을 들었다고 한다. 그는 그 말이 무슨 의미인가 하고 조용히 물었다. 그러자 나무 한그루에 5,000만원이라는 말을 하였다. 그러니까 두그루는 1억이라는 말이다. 내가 그로부터 이 말을 들은 지는 몇 년전이므로 아마도 지금 현실적으로 계산해도 두배, 세배는 줘야 할 것같다. 이렇게 교수가 되기위해 비밀리에 거래를 해야하는 세상이 되었다. 어쨌든 직위나 사람됨의 평가 기준을 돈으로 맞바꾼 셈이다. 지식과 인품, 신앙과 회개 기준을 돈으로 평가한다면 그 결말이 어떻게 될 것인가? 그들이 그렇게 해서 그 위치에 들어왔을 경우에 그들은 투자했던 돈을 찾으려고 하지 않겠는가?

 이렇게 신앙의 정도를 돈으로 평가하게 되어 돈을 우상화시키고 있다. 불순한 의도를 가진 자가 득세하는 세상이다. 어두운 뒷골목에서 마약 거래 하듯이 종교 조직에서 거래가 된다면 교회에 무슨 희망이 있을까?

 바르게 진리를 따르는 자의 인격을 썩어질 물질로 평가한다면 온통 위선의 길로 안내하고 마는 것 아닌가! 오늘의 기독교의 위기이다. 순수가 사라지고 본질을 상실하고 돈으로 신앙 정도를 평가하는 관습이 교회에 들어와 순수 의도를 파괴하고 있다.

제사장에게 가서 네 몸을 보이라

한 나병환자가 주님께 절하면서 자신을 깨끗하게 해달라고 애원하였다. 예수께서 손을 내밀어 대시면서 "내가 원하노니 깨끗함을 받으라" 하시자 나병이 깨끗하여졌다. 주님은 "삼가 아무에게도 이르지 말고 다만 가서 제사장에게 네 몸을 보이고 모세가 명한 예물을 드려 그들에게 입증하라"고 말씀하셨다(마8:1-5).

나병환자가 깨끗해지자 주님께서는 그에게 두 가지를 명령하셨다. 첫째는 아무에게도 말하지 말라는 것과 둘째는 제사장에게 가서 몸을 보이라는 것이다. 그러나 후에 나병환자는 주님의 권고를 받아들이지 않고 이 일을 널리 선전하여 퍼트렸다. 그 일로 예수께서는 동네로 들어가지 못하시고 동네에서 떨어진 외딴 곳에 머물러 계셔야만 했다. 그 이유는 기적에 관한 소문은 반대자들을 흥분시켰고 또 많은 군중이 단지 병 낫기만을 위해 몰려들었기 때문이다.

주님은 본래 육체적 병자를 치료하시는 것만을 목적하지 않으셨다. 오히려 기적은 부수적인 일에 불과하다.

43

그분의 목적은 말씀을 가르쳐서 바르게 깨닫게 하시는 것이고 치료는 두 번째 일이다. 기적이 믿음을 주는 것이 아니라 믿음이 기적을 낳게 한다. 기적을 체험한 자는 말씀 듣기를 원치 않지만 말씀을 듣고 깨달은 자는 믿음을 가지고 주님께 나온다. 이렇게 볼 때 기적을 위해 나오는 자는 벌써 순수한 의도가 아닌 것이다.

그러므로 하늘나라 복음이 선포되기 전에 기적이 선포되는 것은 하늘의 질서에 위반된다. 세례 요한은 주님 오심을 준비하기 위해 기적을 베풀지 않았다. 말씀의 가르침으로 주님의 길을 준비하였다. 이는 참진리를 맞아들이기 위해서는 우선 가르침이 선행되어야 한다는 것을 우리에게 말해주고 있다.

또한 주님께서 제사장에게 몸을 보이라는 의미는 생각을 세상으로 돌리지 말고 발로 천국을 향해 걸어가라! 네가 세상에 나가기 전 먼저 성전에 나아가라! 네 체험을 사람들에게 주기 전 네 마음을 먼저 주님께 바쳐라! 등을 의미한다.

주님께서는 우리를 지휘하시어 제사장 되시는 분께로

인도하신다. 다시 말해 진리 가운데 우리를 인도하시어 선하신 분께 향하게 하신다. 좀 더 깊은 의미로 인성에서 신성으로 인도하신다. 이처럼 주님은 우리의 형편을 아시고 인도하시는 분이시다. 그러므로 우리는 제사장 되시는 그분께 우리 몸을 보여 드려야 한다. 제사장 되시는 그분이 우리를 구원하시려고 보시기 때문이다.

또한 주님은 마음속 깊은 양심 가운데 우리에게 속삭이신다. 속깊은 마음의 양심이 우리에게 깨끗하다고 말할 때 제사장 되시는 주님이 우리를 향해 깨끗하다고 말씀하시는 순간이다. 바로 그때가 깨끗하다고 선포되는 순간이다. 우리의 양심이 순수해질 때 모세가 명한 예물을 깨끗해진 증거로 바칠 수 있다.

레위기에서 명령되고 있는 예물이나 제물은 하나님께 바치는 순수해진 생각과 애정에 대한 모형이다. 생각과 애정을 주님을 섬기는데 드림으로 성결해진다. 깨끗해진 나병환자의 제물은 흠 없는 어린양과 고운 밀가루 그리고 기름이다. 어린양은 순수, 고운 밀가루는 이타애, 기름은 사랑을 상징한다. 다시 말해 자기 죄를 의식함으로 흠이 없게 된 순수, 이웃을 향해 시기하지 않는 마음, 사랑을 의미한다. 바로 이것이 깨끗해진 영혼의 증거로 바치는 예물이다. 이런 예물을 드림으로 그분의 생명과 우리의 생명이 하나로 연합된다. 이는 나병환자가 의미하는 위선에서 순수로 나아가는 길이다.

누룩을 넣지 말라

유대인의 법은 크게 고기를 바치는 예식과 햇 곡식을 바치는 예식으로 나뉘어져 있다. 유월절 축제 기간에는 누룩 없는 빵을 먹는데 특히 누룩은 엄격하게 금지된다.

하지만 햇곡식을 바치는 예식 중에 흔들어 바치는 예물은 누룩을 넣어 굽도록 하였다. 햇 곡식은 새로운 상태를 의미한다. 햇 곡식을 바치는 의미는 누룩과 같은 시험에서 벗어나 순수한 선을 바치는 것을 의미한다.

유월절 첫날, 제자들은 주님께 와서 "선생님께서 드실 유월절 음식을 어디에다 차렸으면 좋겠습니까?" 하고 물었다. 유월절은 무교절이라고도 불리는데 그 이유는 축제기간 동안 누룩 없는 빵을 먹기 때문이다.

유월절 빵을 먹는 것은 성만찬과 같다. 빵은 하늘의 양식, 영혼의 양식이다. 성만찬 자리에서 빵을 먹음은 주님과 연합을 의미한다. 누룩 없는 빵은 불순에서 자유를 의미한다. 누룩은 거짓과 악을 의미하는데 이는 불순한 원리를 상징한다.

성경에는 누룩을 넣어 부풀린 빵을 먹는 자는 이스라엘 가문에서 잘라 버리라고 하였다. 이는 하늘의 원리가 불순해지는 것을 방지하기 위함이다. 하늘의 원리를 불순하게 하는 자는 멸망되어야 하기 때문이다.

무교절의 첫 날은 칠일 축제 기간의 시작이다. 즉, 새로운 상태의 시작을 의미한다. 그분에게 새로운 상태의 시작은 시험의 고통이고 마지막은 부활의 영화로움이다.

주님은 부활하시기에 앞서서 제자들에게 이렇게 말씀하셨다. "내가 고난을 당하기 전에 너희와 이 유월절 음식을 함께 나누려고 얼마나 기다렸는지 모른다(눅22:15)." 이 말씀은 순수를 원하심을 말씀하신 것이다. 유월절에는 어린 양고기와 함께 쓴 나물을 함께 먹는다. 쓴 나물은 고난을 의미한다. 고난의 수준은 다르지만 주님을 따르는 사람에게는 고난이 있다.

우슬초

 우슬초는 향기를 내며 라벤더, 백리 향, 세이지, 박하

류, 세이버리 등의 종류가 있다. 시인은 "우슬초로 죄를

씻으소서! 저는 깨끗해질 것입니다." 라고 기도했다.

우슬초로 죄를 씻는 것은 순수해진다는 의미이다(시51:7).

우슬초는 물을 뿌리는데 도구로 쓰였다(출12:22, 레14:5-6).

 모세가 이스라엘 모든 장로에게 유월절 양으로 잡고 우

슬초 묶음을 가져다가 그릇에 담은 피에 적셔서 그 피를

문 인방과 좌우 문설주에 뿌리라고 했다. 우슬초를 피 안

에 담그라고 한 이유는 순수함을 가지고 진리를 따르라

는 의미이다.

순금

 금은 아름다운 광택이 나는 귀한 금속이다. 금을 황금이

라고도 하는데 고대로부터 권력과 재산의 상징으로 여겼

다. 고대 그리스인들은 금으로 화폐를 만들어 썼는데 이

로 인해 중세 시대에는 연금술이 발달하였다. 연금술은

금을 가공하려는 인간의 노력에서 나온 연마법이다.

 성경에 나오는 금속들은 인간 사회에서 적용되는 상징

적 원리를 갖고 있다. 그 중에서 금은 가장 고귀한 원리 즉, 사랑, 선을 상징한다. 금이 녹슬지 않는 것은 주님 사랑의 원리는 변하지 않음을 의미한다. 동방박사는 아기 예수를 만나서 황금을 드렸다. 그들은 경건한 이방인 박사들이다. 이방인은 진리를 직접적으로 배우지 못한 교회 밖의 사람을 의미한다. 그들은 진리를 모르는 자들이 었지만 별의 인도를 받아 예수께 왔다. 별빛을 보면서 왔다는 말은 구세주 강림의 지식이 있었다는 말이다. 그들은 새로 탄생한 별을 보면서 구세주 강림을 알아차렸다. 그리고 자발적으로 멀고 험한 여행을 단행하여 베들레헴에 와서 아기 왕께 귀중한 예물을 드렸다. 그들이 발견한 아기 왕은 화려한 궁전에서 태어난 왕세자가 아니고 비천한 말구유에서 어머니의 팔에 안겨 있는 아기였다.

 하지만 그들은 실망하거나 낙심하지 않았고 왕을 의심하지도 않았다. 이는 진정한 헌신이 무엇인지를 우리에게 가르쳐 주고 있다. 그들은 아기 예수께 황금, 유향, 몰약 예물을 드려 경배하였다. 주님께 경배함은 주님 사랑과 지혜를 높이고 겸손하게 예물을 바치는 것이다.

성경에는 "내게서 불로 연단한 금을 사서 부요하게 하라"고 말씀했다(계3:18). 금을 연단하기 위해서는 불이 필요하다. 다시 말해서 불같은 시련을 통해서 영적으로 순수해지고 선해진다(말3:2).

솔로몬 시대에는 금이 풍부했다. 솔로몬이 마시는 그릇이 다 금이요 은그릇이 없었다고 한다. 그만큼 솔로몬은 선이 풍부했다는 의미이다(왕상10:21). 금은 선 혹은 사랑을 상징하기 때문이다.

그러므로 솔로몬의 지혜의 근거는 사랑하는 동기에서 주어진 것이다. 다른 말로 하면 솔로몬은 자신의 지혜나 지식으로 주님을 섬기지 않았고 사랑하는 마음으로 섬겼다는 뜻이다. 솔로몬이 주님을 사랑했을 때는 지혜의 왕이었지만 세속에 전락했을 때는 주님 사랑을 상징하던 금 그릇은 우상숭배 제물로 떨어지게 되었다.

솔로몬에게 금은 주님 사랑이기도 하지만 자신을 내세우고 지식의 교만을 가지면 우상숭배가 되는 것이다.

성경에는 법궤를 만들 때 순금으로 덧씌우라고 하였고(출25:11), 제단의 촛대는 속이 비지 않은 순금으로 만들라

고 하였다. 그리고 손잡이, 가지, 사발, 석류 그리고 꽃

을 순금으로 만들라고 명령하셨다(출25:39).

주님께서 70명의 제자들을 전도하러 내보내시며 전대

에 금이나 은이나 동을 가지지 말라고 하셨다(마10:9).

금, 은, 동은 주님으로부터 받는 세 종류의 선이다. 금은

가장 높은 수준인 순수 선이고 주님 사랑이다. 은은 진리

와 이웃 사랑을 의미한다. 동은 자연적 선과 순종으로 생

산되는 사랑을 의미한다. 전대에 금, 은, 동을 가지지 말

라는 의미는 한마디로 자신의 것과 주님의 것을 섞지 말

라는 의미이다. 이는 순수함을 유지하라는 의미이다.

속죄

속죄는 거짓과 악을 제거함으로 순수해지는 것을 말한

다(출29:36). 구약에서 속죄 제사를 드리고자 하면 대제사

장이 지성소에 짐승의 피를 가지고 들어가서 제물로 바

친다. 그리고 짐승의 몸은 진영 밖에서 불살라 버린다.

예수께서는 자신의 몸 안에 인류의 죄를 짊어지셨다(벧

전2:24). 그분은 인류의 유전 악을 모두 짊어지셨다.

유전적 경향성은 짐승 제물이 진영 밖에서 불태워진 것

같이 벗어야 하기 때문이다(레4:11). 예수께서는 백성을 거룩하게 하시려고 성문 밖에서 고난을 당하시고 피를 흘리셨다(히13:11).

일반적으로 짐승 제물을 드릴 경우에는 내장을 덮은 기름과 두 콩팥은 제단에서 불로 태웠고 몸은 진영 밖에서 태웠다. 그리고 제단 아래에 피를 뿌린 후에 남은 피를 모두 부었다. 그러나 번제의 경우, 동물 전체를 제단 위에 놓고서 완전히 불살랐다.

이렇게 두 종류의 제물이 다르다. 이는 상징적으로 피와 내장을 덮은 기름이 하나님께 바쳐진 것은 인간의 거듭남을 표현한 것이고 동물 전체를 불태운 것은 마음과 생활의 거듭남을 표현한 것이다.

그러면 어떻게 동물을 바치는 속제 제물이 주님의 십자가형에 적용될 수 있을까? 주님은 십자가를 수단으로 인성을 벗으셨다. 그리고 부활하심으로 신성을 입으셨다. 주님께서 흠 없는 자신을 제물로 바쳐서 인성이 본질상 신성과 하나가 되셨다.

예수께서 십자가에 달리셨던 장소는 성문 밖이다. 하지

만 도성과 가까운 곳이라고 말씀한다. 도성과 가깝다고 언급한 이유는 많은 유대인들이 십자가 위의 명패를 읽었다는 데서 알 수 있다. 이는 유대인들이 그분을 정죄하려고 애썼다는 것을 보여준 증거이기도 하다. 주님의 머리 윗편에 붙여진 명패는 빌라도가 쓴 것이다. 주님이 십자가에 못 박힌 이유를 기록하는 죄목 대신에 '나사렛 예수, 유대인의 왕'이란 글을 적음으로써 그리스도의 결백하심을 더욱 입증해 주었다.

명패는 당시 통용되던 히브리어와 헬라어, 라틴어로 쓰여졌다. 이는 예수 그리스도께서 유대인뿐만 아니라 모든 민족들에게 구세주가 되심을 공포한 것이다.

명패에 사용된 세 언어는 히브리, 그리스, 라틴말을 쓰는 사람들의 특징으로 판단해 볼 수 있다. 즉, 세 언어는 의지, 지성, 행동에 규정되고 사랑, 총명, 힘이라는 마음의 특징과 연관된다. 이 명패가 세 언어로 쓰여진 것은 주님의 지배권에 관한 표시로 이해해 볼 수 있다. 그분께서 모든 나라들에 왕권을 휘두르실 것이라는 예언적 선포이다. 이를 더 넓게 생각해 보면 마가의 다락방에서 있

었던 각 나라의 방언으로 들렸던 성령의 음성을 생각해

볼 수 있다.

"오순절에, 많은 사람들이 몰려들었다. 그리고 사도들

이 말하는 것이 사람들에게는 저마다 자기네 지방 말로

들리므로 모두 어리둥절해졌다(행2:6)."

어린아이

의도의 순수성과 어린아이는 밀접한 상응 관계가 있다.

어린아이는 순수의 상징이다. 부모는 아이들의 순수에

흠뻑 빠지고 반하게 되어 있다. 부모는 아이들의 순수한

모습을 보고 황홀해 하면서 아이가 세상에서 상처받지

않도록 보살펴 준다.

그러므로 아이는 순수가 있는 한 살아남을 수 있다.

순수는 부모로부터 보살핌을 받을 수 있는 자세이다. 부

모도 역시 아이의 순수를 보면서 아이로부터 순수한 마

음을 얻는다. 아이들은 먹을 것, 입을 것, 장래 일에 대해

서 걱정하거나 근심하지 않는다. 아이들은 언제나 긍정

적이며 태평하고 오늘의 놀이에 충실하다. 아이들의 순

수는 아이들이 마음 편안하게 살도록 만들어준다.

성경에는 하나님의 나라를 어린아이 같이 받아들이라고 말씀한다. 이는 순수한 의도를 가지고 사랑과 믿음을 받아들이는 것을 의미한다. 고로 순수를 영접한 사람은 주님을 영접한 것이다. 이유는 주님은 순수의 근원이시기 때문이다.

"예수께서 그들 마음속의 생각을 아시고, 어린이 하나를 데려다가, 곁에 세우시고, 그들에게 말씀하셨다. 누구든지 내 이름으로 이 어린이를 영접하면 나를 영접하는 것이요, 누구든지 나를 영접하면 나를 보내신 분을 영접하는 것이다. 너희 가운데에서 가장 작은 사람이 큰 사람이다(눅9:47,48)."

마태복음에는 "대제사장들과 서기관들이 예수께서 하시는 이상한 일과 또 성전에서 소리 질러 호산나 다윗의 자손이여 하는 어린이들을 보고 노하여 예수께서 그들에게 말씀하셨다. 그렇다. 주님께서 어린 아이들과 젖먹이들의 입에서 찬양이 나오게 하셨다 하신 말씀을 너희는 읽어보지 못하였느냐?(마21:15,16)."

호산나 다윗의 자손이라고 외친 어린 아이들의 외침은

오직 순수만이 주님을 시인하고 영접한다는 것을 의미한다. 순수가 있는 자만이 주님을 시인하고 영접한다는 뜻이다. 주님께서 어린아이들과 젖먹이들의 찬양이 나오게 하셨다는 말씀은 순수를 통하지 않고서는 주님에게 드려지는 찬양은 불가능하다는 것을 의미한다. 이런 이유 때문에 주님께서는 이렇게 말씀하셨다.

"어린이들이 내게 오는 것을 허락하고, 막지 말아라. 하나님 나라는 이런 사람들의 것이다. 내가 진정으로 너희에게 말한다. 누구든지 어린이와 같이 하나님 나라를 받아들이지 않는 사람은 거기에 들어가지 못할 것이다(막10:14-15).

성경에는 어느 누구도 순수한 믿음이 아니면 하나님 나라에 들어갈 수 없다는 것을 말씀하고 있다.

순수한 믿음을 가진 자를 보았는가? 그들의 믿음과 삶이 어떠한가? 또 반대로 불순한 믿음을 가진 자를 보았는가? 그들의 믿음과 삶이 어떠한가?

내가 본 순수한 믿음을 가진 자는 모두 하나같이 겸손하였으며 선하게 살고자 헌신되어 있었다. 그들은 자기 이

56

익을 위해 말을 하거나 주장하지 않았다. 마치 천사처럼 단순하면서도 아름다움이 배여 있었다.

반대로 불순한 자들은 믿음이라고 말할 가치도 없었다. 그들은 언제나 고발할 재료를 찾아 다녔다. 마치 유대인들이 주님을 고발할 재료를 얻기 위해 엿보는 것처럼 말이다. 그리하여 누군가에게 조금이라도 흠이 보이면 곧바로 싸움을 걸었으며 아무런 양심의 가책없이 공개해 버렸다. 그리고 그 말에 동조하지 않으면 공격하며 비난을 한다. 이들에게 이웃 사랑은 남의 이야기에 불과하였다. 또 고발할 재료를 찾기 위해 광분한 의원들도 많다. 이들은 악의를 가지고 타인을 지배하고자 하였다. 타인을 지배함으로 얻고자 하는 이익은 자아공로 숭배이다. 그래서 오로지 투쟁만이 그들의 삶의 이유라고 여기고 일생을 허비하고 있었다. 이들의 저세상의 삶이 궁금할 뿐이다.

HOW
CAN
I
HAVE
PURITY
OF
INTENTION?

제2장

순수 의도의 필요 _천국과 이세상

표범을 우리 안에 두지 않으면 가축을 공격하고,
독사의 이빨을 뽑지 않으면 독사에게 물려 온 몸에
독이 퍼질 것이고, 독초를 제거하지 않으면 양떼가 몰살당하고,
송충이를 제거하지 않으면 나무는 괴사하고 만다.
그러므로 회개한다는 것은 의도를 재정비하는 것이다.

의도가 순수해야 하는 이유

의도가 순수해야 하는 이유는 무엇인가?

첫째로, 하늘나라는 순수한 의도가 있어야만 들어갈 수 있기 때문이다. 하늘나라는 선한 곳이다. 하늘나라가 선한 곳이라면 순수 의도가 있어야 한다. 그리고 순수 의도 없이는 선이 이루어질 수 없다.

사람은 본래 선한 목적을 위하여 창조되었다. 천국을 향해 간다는 의미는 선을 향해 간다는 의미이다. 하나님이 보시기에 참 좋았다고 하였던 말씀 속에는 사람에게는 이미 선이 내재해 있음을 말해준다. 어린아이들은 선과 악을 구별하지 못하기 때문에 분별력, 사물에 대한 숙고함이 없지만 어린아이들의 얼굴에서 순수한 빛이 비침은 태어날 때부터 인간은 그렇게 살아야 함을 가르쳐 준다.

어떤 이들은 이렇게 말한다. 순수하게 살면 바보가 되는 것이고 남에게 이용당하기 쉽기 때문에 아무 쓸데없는 것이라고 말한다. 그렇다면 그렇게 말하는 사람이 죽음을 앞두고 자신의 삶을 돌이켜 보면서 "나는 평생동안 이렇게 순수하지 못하게 살았으니 잘살았다. 우리 자녀들에게 순수하지 않게 살아가도록 말해줘야지"라고 말할 사람은 아무도 없을 것이다. 오히려 죽음의 순간에 좀 더 순수하게 인생을 살지 못한 것을 후회하고 비록 자신은 순수하게 살지 못했지만 자녀들은 순수하고 바르게 살라고 말할 것이다.

둘째, 사후에는 의도로 심판을 받기 때문이다. 성경에 사람은 선악간에 행한대로 심판받는다고 하였다. 사후에 심판이 있는 이유는 그나라는 선한 자와 악한 자가 구별되게 살기 위해서 가려내기 위함이다. 그렇지 않다면 천국에 악한 자가 들어와서 선한 자를 고통스럽게 할 위험이 있다. 선한 자와 악한 자가 섞이지 않도록 하기 위함인데, 무엇으로 분류를 할 것인가? 그것은 선한 자에

게는 순수가 들어있으며 악한 자에게는 불순이 있기 때
문이다. 선한 자의 행동의 특성에는 순수한 빛을 발한다.

천국은 선의 나라이다. 그곳은 악을 가지고는 들어갈 수
없다. 다시 말해서 악을 제거하지 않고서는 들어갈 수 없
다. 악을 제거하기 위해서는 회개라는 길 외에는 없다.
회개의 정의를 한마디로 말한다면 곧 의도를 재정비하는
것이다. 의도가 선하게 되도록 자신을 청소하는 것이다.

표범을 우리 안에 두지 않으면 가축을 공격하고, 독사의
이빨을 뽑지 않으면 독사에게 물려 온 몸에 독이 퍼질 것
이고, 독초를 제거하지 않으면 양떼가 몰살당하고, 송충
이를 제거하지 않으면 나무는 괴사하고 만다.

성경에는 이렇게 말씀한다. "벗이나 형제나 친척이나
부한 이웃을 청하지 말라 두렵건대 그 사람들이 너를 도
로 청하여 네게 갚음이 된다(눅14:12-14)."

이 말은 악한 자에게 친절을 베풀었더니 선한 자를 상하
게 하였다는 말씀이다. 이런 식으로 선의를 악의로 이
용했다는 말이다. 악이 남아서 선한 자를 이용하는데 어
떻게 천국에서 악한 자와 선한 자가 함께 살 수 있는가?

그러므로 인간의 의도속에 들어 있는 순수와 불순은 선한 자와 악한 자를 가려내는 심판의 재료이다.

셋째, 의도의 순수성 없이는 평화가 없기 때문이다. 싸움이 어디에서 오는가? 순수하지 못하게 악의를 가지고 잔꾀를 부리고 간사한 계략을 가지고 타인을 죽이려는 데서 온다. 어리석은 자가 자기가 판 무덤에 스스로 빠지는 장면을 생각해 보라. 그가 처음에는 잘되는 듯이 보이고 이기는 듯이 보이지만 결국에 가서는 자기 열매를 먹고 깊은 구덩이에 떨어지는 경우를 많이 보았다. 이는 시간이 지나면서 모든 의도가 들통 나기 때문이다.

이처럼 악한 의도는 언제나 평화를 깨뜨리고 환경을 어지럽게 만든다. 오늘날 교회는 악의를 가진 자들이 득세함으로 이미 평화를 잃어버렸다. 패를 나누어 한쪽에서는 찬송 부르고 다른 한쪽에서는 기도하면서 아수라장을 만들었다. 떼를 지어다니면서 고성을 지르고 심지어는 조폭을 불러서 힘으로 상대방을 제압한다. 이런 상태에서 무슨 순수를 기대할 수 있겠는가?

그러므로 선한 의도가 있을 때만이 평화가 이루어지는

것을 알아야 한다. 평화는 오직 순수한 의도에서만 온다. 순수가 없는 평화는 없다. 순수와 평화는 동행자이고 친구지간이다. 어린아이들이 손을 잡고 평화롭게 노는 모습을 상상해 보라. 그 속에 순수가 깃들여 있지 않은가?

진리 사랑

주님을 믿고 순종하는 자는 진리를 사랑하는 자이다. 진리를 사랑하는 자는 두 가지 특성이 있다. 하나는 진리를 알기를 힘쓰고 다른 하나는 진리를 진실하게 받아들인다. 진리를 받아들이려면 진리를 받는 그릇이 깨끗해야 한다. 진리를 받는 그릇이 깨끗하지 않으면 그 속에 담겨진 내용물은 거짓으로 더럽혀 진다. 즉, 진리가 들어오면 진리를 자기 편의대로 왜곡되게 만든다. 진리를 받는 그릇은 마음이며 깨끗해진 증거는 의도의 순수이다.

진리는 하늘과 연결된 사다리이다. 야곱의 꿈에 나타났던 천사들이 하늘 꼭대기에 닿았던 사다리에 오르락내리락 하였던 것처럼 진리는 하늘과 연결되어 있다. 예컨대, 어떤 이가 순수하지 못한 의도로 진리의 사다리를 성급하게 올라가서 막상 천국에 도달했다. 하지만 너무나 성급하게 올라온 터라 몸과 옷에서 냄새가 난다. 또 자신의 모습은 괴물과 같은 형상이 되어 있다. 천국을 살펴보니 모두 천사와 같이 아름답고 깨끗한 분들이 오고간다.

 그에 비해 자신의 상태는 흉악한 몰골이다. 그리고 선한 빛 앞에 너무 견디기 힘들었다. 그래서 그곳에 더 이상 머물 수가 없어서 자신과 같은 종류의 장소로 가야만 했다. 그는 하나님께 기도했다. "나를 어두운 곳으로 보내주소서! 너무 광채가 밝아서 견디기 힘듭니다."

 그가 천국의 빛에 견디지 못한 이유는 자신의 동기를 살펴보지 않고 수단과 방법을 가리지 않고 목표 지점에 도달하고자 했던 탓이다. 즉, 진리와 상관없이 살았기 때문이다. 의도는 고려하지 않고 욕심으로 목표만 생각했기 때문이다. 진리로 인해 마음이 깨끗해지기 보다는 욕심으로 인해 믿음의 동기를 점검하지 않았다. 그래서 목표에 도달한다고 해도 이미 변질된 자신의 모습을 볼 수밖에 없었다. 천국은 선으로 이루어진 나라이므로 순수한 마음이 있어야만 천국에 도달한다.

그러기 때문에 주님은 어린아이같이 되지 않으면 결단코 천국에 가지 못한다고 단언하셨다. 욕심은 의도를 망가뜨린다. 고로 아무리 선의를 가지고 출발하더라도 악의가 있으면 악의 열매를 먹게 된다.

다시 말해서 천국에 도달하기 위해서는 의도가 욕심에 퇴색되지 않고 그만큼 순수해야 한다는 뜻이다. 그러므로 우리가 필수적으로 가져야 할 것은 의도의 순수성이다. 그렇게 본다면 순수한 의도는 하늘의 요소라고 할 수 있다.

의도에 악이 제거되지 않으면

인간에게 악이 제거되지 않으면 인간은 결코 구원받을 수 없다. 그러므로 악을 제거하기 위해 진심으로 주님께 와야 한다. 인간이 순수한 의도를 가지고 선을 위해서 악을 제거한다면 천국에 이르고, 악을 목적하면 반드시 지옥에 이른다.

그러므로 선한 의도를 가지려면 악한 의도가 무엇인지를 알아야 한다. 악한 의도를 가진 인간의 마음은 광야와 같다. 광야에는 사나운 짐승과 부엉이, 박쥐, 살무사, 독사가 우글거린다. 늑대와 같은 야생동물들을 몰아내지 않고서는 양이 살 수 없고 가시와 엉겅퀴를 제거하지 않으면 정원을 만들 수 없고 적을 몰아내지 않으면 평화를 이룰 수 없다. 이것을 몰아내어야만 씨를 뿌릴 수 있고 곡식을 생산할 수 있다. 인간이 악의를 없애고 선한 의도를 가지지 않으면 변화는 기대할 수 없다는 말이다.

장기에 고름의 독이 침입하면 죽는 것처럼 마음에 악이 남아 있으면 파멸로 갈 수 밖에 없다. 표범을 창살에 가두지 않으면 가축이 공격당하고 독사의 이빨을 뽑지 않으면 물리게 되고 독초를 제거하지 않으면 양떼가 몰살당하고 송충이를 제거하지 않으면 나무는 괴사하고 만다. 그러므로 악이 제거되어야만 가지들이 포도나무에 접목된 것같이 되어 좋은 열매를 맺는다(요15:4-6).

의도는 생명이다

의도를 생명이라고 하는 이유는 주님께서 의도를 보시기 때문이다. 주님께서는 의도를 중요하게 여기신다. 의

도가 중요한 이유는 의도를 보시고 심판하시기 때문이
다. 그러므로 순수 의도를 생명이라고 말할 수 있다.

생명은 품질에 따라 결정된다. 사람이 어떤 목적을 갖느
냐에 따라 생명의 품질이 형성된다. 인간이 저세상에서
생명이 온전하게 보존되기 원한다면 그 나라에 맞는 목
적을 가져야 한다. 의도는 인간 그 자체이며 목적이다.
왜냐하면 인간은 의도에서 출발하기 때문이다.

고로 허탄한 목적이 제거되지 않으면 천국은 커녕 영원
한 불행에 빠질 것이 분명하다. 인간이 변화한다거나 거
듭남은 목적이 바뀌는 것이다. 목적이 변화하지 않으면
영혼의 상태도 달라지지 않는다. 목적이 생명을 형성하
기 때문이다. 하지만 입으로는 이웃 사랑을 말하면서 세
상을 사랑하는 목적을 가졌다면 이웃 사랑은 수단으로
전락하고 만다. 목적은 사랑의 질을 결정한다. 진정 순
수한 목적을 가지고 주님 나라를 찾는다면 그는 주님 안
에 있는 것이다. 주님의 나라는 인류를 위한 선을 목적하
는 나라이다.

HOW CAN I HAVE PURITY OF INTENTION?

3장

의도의 목적 _영혼의 상태

주님의 나라는 선을 목적하는 나라이다.
선으로 다스려지는 나라이다. 선을 목적하는
생각과 행동은 천국으로부터 주어진 것이다.
그러나 반대로 악을 목적하는 생각과 행동을 한다면
그는 지옥에 있는 것이다.

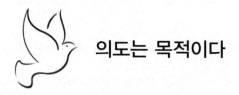

의도는 목적이다

 인간은 목적적 존재이다. 목적에 따라 말과 행동이 결정된다. 인간이 말하고 행동하는 모든 것은 모두 목적에서 나온다. 목적이 선이면 과정도 선이라고 말할 수 있고 목적이 악이면 과정도 악이라고 할 수 있다. 과정은 목적을 위한 수단이다.

 천사나 악령은 인간 목적의 주인이 되기를 원한다. 인간의 목적을 쥐고 흔든다면 인간의 생각과 행동도 통치하게 된다. 그러므로 목적이 선하면 천사의 도움을 받고 있는 것이고 목적이 악하면 악령의 도움을 받는 셈이다. 그러므로 어떤 사람이든지 그의 목적을 안다고 한다면 그 사람이 어떤 사람인지를 분별할 수 있다. 목적은 그 사람의 품질을 말하기 때문이다. 목적이 좋은 만큼 좋은 품질이다. 목적은 곧 사랑을 의미하기 때문이다. 다시 말한다면 인간은 사랑하기 때문에 목적한다.

 인간은 사랑하지 않는 것은 결코 목적으로 삼지 않는다. 그가 무엇을 목적 하느냐는 무엇을 사랑하는냐와 같은 말이다.

 인간은 살면서 수많은 생각과 말, 행위를 한다. 그 속에는 목적이 들어 있다. 아무리 시치미를 떼고 모르는 척해도 목적이 있다. 중요한 것은 어떤 목적이냐 하는 것이다. 목적이 세상 재물, 명예, 출세를 위함인지 자신의 욕심만을 위하는 것인지를 스스로 인식할 수 있어야 한다. 주님의 나라는 하나님과 이웃 사랑을 목적하는 나라이다. 만일 어떤 사람이 하나님과 이웃 사랑을 목적으로 믿음을 갖는다면 그의 생각과 행동은 천국으로부터 주어진 것이다. 반대로 자신의 욕망을 목적으로 생각과 행동을 한다면 그는 지옥의 조종을 받는다고 할 수 있다.

 중요한 것은 목적은 의도에 따라 선과 악으로 갈라진다는 점이다. 즉, 선한 목적과 악한 목적이다. 그러면 목적

이 어디에 존재하는가? 목적은 사상 즉, 생각속에 존재

한다. 선한 자의 목적을 보면 합리적이다. 합리성이라는

것은 선이 포함된 높은 추론을 말한다.

 그러므로 선한 자의 목적을 합리적 선이라고 부른다. 사

람이 합리적 선을 가지면 거듭나지 않은 성품은 제거된

다.

의도는 곧 사랑이다

하나님 사랑의 본질과 의도는 무엇인가?

 첫째로 하나님은 무한하게 사랑 자체를 목적하신다.

 성경에 하나님은 사랑이라고 하였다. 하나님의 사랑은

선한 자나 악한 자 그리고 자연 세계에 그 영향이 미친

다. 세상에 존재하는 모든 것은 사랑에서 나왔다. 성경에

는 "아버지께서는, 악한 사람에게나 선한 사람에게 똑

같이 해가 떠오르게 하시고, 의로운 사람에게나 불의한

사람에게나 똑같이 비를 내려주신다(마5:45)." 고 하였다.

이렇게 하나님은 사랑을 주시지만 악한 자들이 더욱 극

성을 부리며 악하게 되는 이유는 사랑을 받아들이는 의

도 때문이다. 즉, 태양이 살아있는 나무에게 비치면 열매를 맺지만 더러운 오물에 비치면 더욱 부패되는 것과 같은 이치이다.

둘째로 하나님은 타자와 하나 되고자 하신다. 태양의 열기는 나무와 결합하여 꽃을 피우며 열매를 맺는다. 이것은 자연세계의 결합의 원리이다. 하나님의 이런 노력은 자연세계와 사람, 교회에 이른다. 즉, 하나님은 사람을 하나님의 형상대로 만드시고는 연합하기를 원하신다. 하나님은 진리를 가지고 살아가는 자와 연합하신다. 주님께서 이런 기도를 하셨다.

"아버지, 아버지께서 내 안에 계시고, 내가 아버지 안에 있는 것과 같이, 그들도 하나가 되어서...그것은, 우리가 하나인 것과 같이, 그들도 하나가 되게 하려는 것입니다. 내가 그들 안에 있고, 아버지께서 내 안에 계신 것은 그들이 완전히 하나가 되게 하려는 것입니다. 그것은 아버지께서 나를 사랑하신 그 사랑이 그들 안에 있게 하고 나도 그들 안에 있게 하려는 것입니다(요17:21-26)."

셋째 하나님께서는 타자를 행복하게 해주시고자 의도하

신다. 태양의 빛과 열기로 나무에 꽃과 열매가 맺히는 것
과 같다. 하나님은 사람들에게 거룩한 사랑, 축복, 만족,
행복을 주신다. 하나님은 사랑을 받아들이는 제자들에
게 영생의 복을 주신다고 약속하셨다. 이처럼 하나님의
사랑의 기운은 부모가 자녀를 사랑하도록 이끌고, 짐승
과 새도 동일하게 본능적으로 새끼들을 보호하고 양육하
도록 이끈다. 하나님의 사랑은 새가 알을 낳고 부화해서
어미와 새끼가 연합하고 보호하고 먹이고 기르도록 한
다. 이처럼 하나님은 사랑을 갈망하며 받아들이는 사람
과 연합하시면서 그에게 생동감을 준다. 예컨대, 친구에
게 친절하게 환영하고 대접하는 것도 하나 되기 위한 연
합의 작업이다.

 이런 과정으로 인간에게 사랑이 존재하는 것은 하나님
의 생명이 존재하기 때문이다. 인간은 사랑 그 자체라고
해도 무방하다. 인간은 사랑의 지배를 받는다. 그리고 이
사랑은 많은 사랑을 휘하에 거느린다. 많은 사랑은 큰 사
랑의 하부 조직이다. 그러므로 사랑은 큰 사랑 안에 포함
되어 커다란 사랑의 왕국을 구성한다. 몸으로 말하자면

큰 사랑은 머리 부분에 해당된다. 큰 사랑은 하부 사랑을 지휘하고 관계를 가지면서 자신의 목적을 의도한다.

 그 목적을 두고 궁극적 사랑이라고 하는데, 궁극적 사랑은 무엇보다 가장 우선되는 사랑이다.

 하나님이 인간에게 주시는 최고의 궁극적 사랑은 하나님 사랑과 이웃 사랑이다. 하나님이 주시는 사랑은 인간의 이해와 의지에 따라 또는 질적 수준에 따라서 다르게 결과된다. 그 이유는 하나님의 사랑을 담는 그릇의 순수와 불순에 따라 열매가 맺히기 때문이다. 하나님의 사랑을 담는 이해와 의지가 더러우면 하나님을 모독하게 되고 악한 것이 더욱 증대하게 된다.

 예컨대, 재물을 사랑하는 사람이 있다고 하자. 그는 재물을 얻는 일에 온통 정신이 팔려 있다. 그의 궁극적 관심 즉, 이해와 의지는 오로지 재물뿐이다. 그는 재물을 얻을 때는 무척 기뻐하지만 재물을 잃게 되면 슬퍼하고 힘들어 한다. 심지어 자살을 시도하기도 한다. 그의 가장 큰 사랑은 재물이기 때문이다.

 또 쾌락을 사랑하는 사람의 경우도 마찬가지이다. 그는

온통 세상 즐거움에 빠져 있다. 세상 쾌락이 주는 즐거움에 정신이 팔려서 다른 것에는 관심을 두지 않는다. 쾌락은 그의 생각과 의지를 지배하고 독차지한다. 그에게 긍극적 사랑은 쾌락이다.

이처럼 긍극적 사랑에서 즐거움, 만족, 기쁨, 슬픔에 관한 모든 감정이 나온다. 감정은 인격의 상태를 대변한다.

인간은 긍극적 사랑을 충족했을 때는 기쁨이 나오지만 불만족했을 때는 슬픔이 나온다. 모두 마음속 긍극적 사랑의 기준에서 평가한다.

그러므로 긍극적 목적은 긍극적 사랑에 해당된다. 마치 거대한 물살이 주변의 모든 것을 휩쓸고 지나가듯이 긍극적 사랑은 주변의 모든 것을 끌고 간다. 왜냐하면 사랑이 생명이기 때문이다.

재물이나 쾌락을 좋아하는 자들은 그것에 대한 사랑으로 생명을 구성하게 된다. 재물을 목적하는 자가 진리를 목적하는 자와 같을 수는 없다. 둘은 생명 상태가 현저하게 차이가 날 수 밖에 없다. 목적이 다르기 때문이다.

이를 다른 말로 하면 인간은 사랑만큼 영혼의 품질이 결정되며 사랑만큼 타인과 구별된다. 선한 자는 천국적 사랑이 형성되고 악한 자는 지옥적 사랑이 형성된다. 마음이 사랑의 지배를 받으면서 인격을 만들고 생명을 구성한다. 사랑이 인간의 생명을 구성한다고 하니 결국 우리가 과연 무엇을 사랑해야 하는지를 알아야 한다.

결론적으로 선을 받아들이기 위해서는 순수한 목적이 있어야 한다. 불순한 목적을 가지게 되면 악을 받을 수밖에 없다. 이 말은 천국의 사랑을 위해서는 순수한 의도가 있을 때만이 가능함을 말해준다. 주님 사랑과 이웃 사랑은 천국의 생명이고 자아 사랑과 세상 사랑은 죽음이다.

개인을 향한 주님의 의도

개인을 향한 주님의 의도를 알고자 하면 토기장이와 진흙의 비유를 살펴보아야 한다. 주님께서 선지자 예레미야에게 토기장이의 집으로 인도해서 그가 진흙으로 그릇을 만드는 모습을 보도록 하셨다. 토기장이는 그릇을 빚다가 원하는 그릇이 나오지 않으면 다른 그릇을 빚었다. 주님은 예레미야에게 "이스라엘 백성아! 진흙이 토기

장이의 손 안에 있듯이 너희도 내 손 안에 있다"고 말
씀하셨다. 예레미야가 본 이 장면은 개인을 향한 주님의
의도를 보여준다. 토기 그릇의 결점이 토기장이로 하여
금 다른 그릇을 만들도록 한 것처럼 인간의 악은 하나님
의 계획을 훼손하여 다른 계획으로 인도하실 수밖에 없
다는 말씀이다.

 하지만 그릇의 실패 후에 하나님은 인간과 더불어 다
른 형태를 창출하신다. 비록 악으로 인해 망가졌지만 주
님은 선한 결과를 이끌어내신다는 말씀이다. 사실 이 부
분이 인간으로서는 놀라운 섭리이고 신비스러운 묘미이
다. 주님께서 인간을 버리시지 않고 새로운 그릇으로 만
드시는 의도야말로 인간 편에서는 매우 기쁘고 희망적
인 일이다. 주님은 인간을 향한 선한 의도를 가지셨기 때
문에 인간에게는 큰 희망의 근거이다. 자비로우신 주님
이시다.

 그러나 한편 생각하면 매우 슬픈 일이기도 하다. 인간은
자체의 악으로 인해 주님의 원하시는 계획에 도달하지
못하기 때문이다.

나의 청년시절의 삶을 돌이켜 보면 주님을 사랑했던 마음으로 교회일이라면 무엇이든 열심이었다. 청년 시절에 새벽기도를 그렇게 열심히 다닌 것은 지금 생각해도 기특한 일이었다. 하지만 당시에 나는 주님의 뜻을 분별하는 지혜가 부족했다. 조금만 더 내 자신에 대해 심사숙고하였더라도 자신을 위한 좋은 경험을 쌓을 수 있었는데, 청년시절에 그런 일에 치중하기 보다는 조급하게 주님의 뜻을 말하면서 교회 일을 하면서 하루라도 빨리 성공하기를 바랬다. 당시에는 내 자신이 하늘나라에 맞는 인격이 되는 것이 더 중요하다는 생각을 못했다. 나의 조급증은 주님의 선한 의도를 분별할 만큼 성장하지 못했다. 그저 하루라도 빨리 성공하기를 바랬다. 그것이 오히려 나의 삶에 욕심으로 인한 암초였다는 사실을 뒤늦게 발견하였다.

이제 나는 주님의 일을 성취하는 것보다 더 중요한 것은 선한 의도에 맞게 순수함을 가지고 살아가는 것이 온전한 주님의 뜻임을 알게 되었다. 돌이켜보면 청년 시절의 이런 생각은 욕심과 어리석음 때문이었다.

나는 주님은 못 이루실 것이 없는 분이시므로 주님께 열심히 기도하면 다 이루어질 것이라고 배웠다. 그래서 나는 기도에 심혈을 기울였다. 나는 어느새 기도에 열정적인 사람이 되어 있었다. 마치 시냇물이 흐르듯이 청산유수로 기도를 하였다. 부모님은 내게 아까운 시간을 허비한다고 말했지만 내 귀에는 그 말이 잔소리로 들렸다.

오히려 내 주변 신앙인들로부터 기도하면 주님이 축복하시므로 기도하는 편이 더 낫다고 하는 말에 귀를 기울였다. 남들은 내 기도하는 모습을 보면서 기도의 은사가 있고 성령 충만하다고 말해 주었다. 나 또한 반드시 주님께서 나를 크게 사용하실 것이라는 생각으로 마치 영적 보증 보험을 들어놓은 듯하였다. 나는 그렇게 기도를 많이 하거나 설교에 은혜를 끼친다면 주님께서 나를 특별하게 여기신다는 어리석은 욕심이 깔려 있었다. 또 그런 간증을 많이 들었다. 지금 생각하면 너무 한심한 일이지만 당시에는 사실 그랬다. 그러나 지금도 이런 식으로 설교하고 말로 떠드는 자들이 있다.

주님께서는 자신을 옹기장이라고 비유하셨는데, 옹기

장이가 진흙을 높이 추켜들 때 그분의 마음속에는 어떤 이상적인 그릇의 형태를 계획하고 있었다. 그 이상적인 형태를 위해 진흙을 빚어가지만 형태가 잘못 되면 다시 처음부터 시작하신다. 그리고 역시 또 다시 실패하면 진흙의 질이 허용되는 한도 내에서 또 다른 형태를 만들어 가신다. 이것이 주님의 섭리이다.

여기서도 중요한 것은 옹기장이는 진흙과 더불어 만들어간다는 것이다. 옹기장이 혼자서 일을 하시는 게 아니라 진흙도 함께 동참하는 것이다. 그렇다면 진흙의 질적 수준이 중요하다.

주님은 신성한 옹기장이시다. 주님께서 어떤 목표를 이루시고자 계획하다가 진흙이 문제되어 망가질 경우에 다른 뜻을 이루신다. 그분은 언제나 사랑으로 다가오셔서 현실 가능한 한도 내에서 이상적인 형태를 이루신다.

사실 나는 오늘의 환경과 처지를 보면서 비관했다. 하지만 나는 그분의 섭리를 확신한다. 내가 순수한 마음으로 주님의 사랑과 지혜를 받아들일 수 있을 때까지 참고 기다리시는 주님의 섭리를 확신한다. 주님은 인간이 아무리 깊은 구덩이에 빠져 몰락했다고 하더라도 인간을 끌어올리시기 위해 섭리를 행사해 오셨다. 그래서 나는 주님의 새로운 처방을 기다린다. 주님은 인간이 스스로의 잘못으로 실패가 있을 때 선한 의도를 가지고 또 다른 처방을 그 상황에 맞추어 설비하시는 분이시다. 주님은 인간에 대한 처방이나 계획을 절대로 철회하지 않으신다. 인간 스스로 악한 길로 걸어갈 때 사랑이신 하나님은 구세주로서 세상에 오셨고 인간을 사랑하셔서 측은히 여기시고 구속해 주셨다. 하나님의 의도는 넓고 깊다.

요한복음에는 빛이 세상에 왔지만 세상은 그를 알지 못하였을 뿐 아니라 영접하지도 않았다고 하였다. 하나님의 선한 의도는 끊임없이 인간을 향하시지만 인간은 그분의 의도와는 무관하게 하나님을 거절하였다.

하나님은 인간에게 생명을 주시기 위해 인간을 창조하셨다. 생명을 주시기 위해 그릇으로 빚어 가신다는 말이다. 모든 인간은 주님의 목적을 위해 빚어지는 그릇이다. 주님은 선한 의도로써 인간을 빚어 가신다. 주님은 인간을 위해 이상적인 형태를 의도하시고 이에 걸맞게 인간을 만드신다. 그러므로 인간은 자신의 인격을 주님의 선한 의도에 맞추어야 한다. 만일 그렇게 하지 않았을 경우에 그는 주님의 의도를 따르지 못하는 어리석은 선택을 하게 된다. 결국 주님의 의도와 반대로 걸어가면 가장 처절한 비극만 남게 된다. 각자를 향한 이상적인 주님의 뜻이 있고 주님은 그 뜻을 위해 사랑과 자비를 베푸신다.

그런데 인간이 악심을 품고 주님의 목적에 반대로 간다면 하나님의 형상을 망치게 하는 결과를 가져온다.

옹기장이가 일을 하는 모습은 주님의 섭리의 예표이다. 옹기장이가 자신이 계획한 모양이 망쳐졌지만 그 진흙을 버리지 않고 또 다른 그릇으로 모양을 만들어 가듯이 인간이 죄로 인해 하나님의 일을 망쳐 놓았음에도 불구하고 주님은 모든 인간과 더불어 사랑으로 다시 시작하신다. 주님은 어떤 인간이 실패했지만 그 사람의 현 상태에서 가능한 그릇을 새롭게 만들고자 하신다.

살림 잘하는 주부는 어떤 물품이 망가졌어도 이를 버리지 않고 이를 고쳐서 또 다른 좋은 용도로 사용한다. 우리가 자신의 처지와 형편이 비록 열악하지만 어떤 선용을 위해 사용될 수 있다. 우리의 삶이 아무리 망쳐졌더라도 자신의 인격을 재형성해 보겠다는 의지가 있거나 악으로 인격이 굳어져 있지 않았다면 아무리 삶이 망쳐졌더라도 주님 나라의 새 모델을 다시 창출할 수 있다.

인간은 주님의 뜻을 찾는다고 말하지만 항상 곁길로 가기 십상이다. 주님은 우리 인간이 천국을 목적하기를 원하신다. 이것이 주님의 섭리 즉, 선한 의도이다. 천국은 선에 대해 열심인 자를 위해 예비된 나라이다. 그런 자들을 위해서 주님께서 준비해 놓으신 곳이다.

주님은 마음이 천국 인격이 되도록 하기 위해 사람에게 진리를 믿으라고 하셨다. 진리는 사람이 선한 의도를 갖도록 이끈다. 또한 진리에는 주님의 선한 의도가 담겨져 있다. 천국은 주님과 하나 되어야 갈 수 있는 곳이다.

주님과 하나 되기 위해서는 진리를 받아들여야 한다. 사람이 주님과 하나 될수록 더욱 지혜로워지고 행복해지고 참 자신이 된다. 주님은 모든 이들이 천국에 들어가기를 원하시고 섭리하시지만 주님과 하나 되기를 싫어하는 자는 어쩔 수 없다. 불행하지만 천국은 그런 자를 위한 곳이 아니다. 천국의 문은 순수한 의도로 그 성안에서 살기 원하는 자들을 위해 열려 있다.

그러면 어떤 마음을 가져야 하는가?

순수한 의도를 가지고 진리를 실천해야 한다. 천국을 주님의 신부라고 하기도 하고 태양을 입고 있는 여자라고 하였다. 천국의 성에 입성하려면 진리를 배우고 그에 따라 살면서 진리를 얼마나 사랑하느냐에 따라 결정된다.

요한계시록 22장에 보면 요한은 천국에는 생명수의 강과 강 양쪽에 생명나무가 있다고 했다. 생명나무는 에덴의 동산 중앙에 있던 나무와 같은 나무이다. 생명나무는 신성한 사랑의 주님을 의미한다. 그리고 열매는 선한 일의 결과를 의미한다. 생명수의 강은 진리를 의미한다.

생명수의 물은 주님이 야곱의 우물가에서 사마리아 여인에게 언급하신 생명수이기도 하다. 인간은 생명나무와 생명수와 생명의 열매와 같은 상태를 이루는 것이 최상의 상태이다. 그러나 우리가 주님의 계명을 배워 행하지 않으면 우리는 거룩한 성에 들어가지도 못하고 성내에 있는 생명나무의 열매도 먹지 못한다. 그 예로 요한이 거룩한 성을 보여준 천사에게 절하려고 하자 천사가 그렇게 하지 말라고 당부하면서 자기 역시 요한처럼 지상에 있었던 한 사람에 불과하며 단지 말씀의 계명을 지켜온 것뿐이라고 말했다.

선용의 목적

의도의 순수성에는 선용의 특징이 있다. 선용은 좋은 일에 알맞게 쓰이는 것을 의미한다. 우리가 가진 모든 능력은 선용을 위해 주어진 것이다. 따라서 우리는 우리의 재능을 가지고 선용해야 한다. 선용을 위해서는 순수한 의도가 있어야 한다.

순수 의도는 악용하지 않는다. 순수 의도는 악한 목적을 위해 잔꾀를 부리지 않는다. 목적 속에 순수가 들어있지 않다면 목적을 이루었다고 할지라도 온전하다고는 볼 수 없다. 의도의 순수성은 목적을 위해서 사용되는 수단이 아니다.

사람들은 어떤 목적을 달성하기 위해서 많은 지식을 동원한다. 예컨대, 성공을 목적하는 자는 성공을 위해 자신의 모든 역량을 동원한다. 돈, 권력, 영화, 스포츠 등 각 분야에서 원하는 목적을 위해 할 수 있는 대로 모든 역량을 집약한다. 그 역량속에 순수가 반드시 들어가야 한다. 예컨대, 국회의원이 되고자 발로 뛰어다니면서 선전을 하여 국회의원이 되었다고 할찌라도 순수한 마음이 없다면 과연 국민을 위한 일꾼이 될 수 있을까? 의원에 당선된 후에는 권력을 남용하고 말 것이다.

 순수가 빠진 상태로 우선 당선되고 보자는 식으로 목적에 달성했다면 과연 선용이 가능한가 하는 것이다. 국회의원이 되었지만 비루한 지경에 빠지지 않겠는가?

 오히려 과정에서 순수를 유지하려고 애쓰고 절제된 미덕을 갖춘 자가 당선되지 못하고 낙선 이후에 더 많은 선용을 하는 경우를 본다.

 이처럼 좋은 목적에서 순수는 너무나 중요하다. 의도의 순수성은 선용의 결과를 목적하기 때문에 더욱 중요하다. 목적이 선이라면 그 속에 들어 있는 생각과 사상이 선해야만 그 결과를 이룰 수 있다. 또 어떤 목적이 악이면 그 일을 이루기 위한 생각과 사상으로 악한 수단과 방

90

법을 동원한다. 악한 목적을 위해서 동원된 수단도 동일하게 악할 수밖에 없다.

예를 들어 표범과 토끼가 달려간다. 달려가는 과정 자체는 선악을 구별할 수 없다. 그러나 표범은 다른 짐승을 사냥하고 물어뜯고 죽이기 위해 달려가지만 토끼는 풀을 뜯기 위해 달려간다. 두 짐승은 서로 목적이 다르다. 달리는 과정은 같으나 목적이 다르다. 이처럼 목적에 따라 그 결과를 드러내는 것이 선용과 남용이다.

사람은 어떤 목적이든 목적을 이루며 사는 존재이다. 그러므로 목적이 사람을 이끈다. 상대방에게 복수의 목적을 가지고 있다면 그는 기회가 주어지는 대로 복수를 자행하기 위해 여러가지 궁리를 하게 되고 기회를 엿보게 된다. 지금 당장은 잠잠할 수 있으나 억압된 분노는 폭발할 기회를 엿본다.

이처럼 사람은 목적에 따라 생명의 길과 사망의 길로 나뉘어진다. 사람이 생각하고 행동하는 모든 것은 목적을 위해 존재하는데, 그 목적에 순수한 의도가 있다면 선용에 이르고 불순한 의도가 있다면 남용이 된다.

행동 너머의 의도

지혜로운 자는 사람의 행동 뒤에 숨겨져 있는 의도에 관심을 가진다. 사람의 말과 행동만으로는 그 사람의 진정한 의도를 알 수 없다. 그러나 지혜로운 자는 의도를 통찰한다. 의도는 그 사람의 진정한 목적이기 때문이다. 또한 의도의 수준은 그 사람 자신이기도 하다. 사람은 수준에 따라 행동한다. 의도의 수준은 선악의 상태에 따라 다르다. 사람이 선하면 의도가 순수하고 악하면 의도가 불순하다. 이것이 불변의 원리이다.

상태의 정도에 따라서 결과가 주어진다. 주님께서 말씀하시기를 나무가 좋으면 좋은 열매를 맺고 나쁜 나무에서 나쁜 열매를 맺는다고 하셨다. 이는 상태에 따라 행동의 결과가 주어짐을 말씀하신 것이다. 그러므로 중요한 원리가 있다. 그것은 인간의 삶은 매순간 의도에 따라 상태가 형성되고 상태에 따라 결과가 주어진다는 것이다. 지금은 의도를 감추고 남의 눈을 속이기도 하지만 그러나 시간이 흐르면서 그 결과로써 의도가 반드시 밝혀지게 된다.

천국은 의도가 숨겨져 있지 않고 선한 의도가 모여서 거대한 공동체를 이루어서 형성된다. 예컨대, 몸 안에는 각 기관이 서로 연결고리를 가지면서 몸 전체에 통일성을 유지하는 것과 같다. 몸 안의 각 기관은 몸 전체에 기여하면서 기능을 한다. 폐와 심장은 서로 다른 기관이지만 서로를 위해 공기를 불어 넣어주고 피를 순환한다. 상호간에 봉사하고 있는 것이다. 타 기관의 유익을 위해 특별하게 봉사한다. 그래서 상호간에 쓸모 있는 존재가 되어 타인의 유익(Usefulness)을 의도한다.

몸이 서로에게 선용을 하므로 몸이 기능하여 건강이 유지되듯이 천국은 천사와 같은 선한 존재가 기능을 함으로 거대한 왕국을 형성한다. 중요한 것은 행동 너머의 의도이다. 지혜로운 자는 언제나 선한 의도에 관심을 가지며 선한 의도가 확고할 때 행동에 나선다.

창조는 하나님의 의도이다

하나님께서 인간을 창조한 의도는 인간이 완전과 행복

의 상태를 누리도록 하기 위함이다. 하나님은 자기의 형상을 따라 창조한 인간 안에 거주하시면서 인간으로 하여금 행복의 상태에 이르도록 하신다. 사람은 하나님이 거하시는 성전이다. 그러므로 사람은 마음속에 하나님의 거하실 처소가 되기 위해 노력해야 한다.

하나님이 사람 가운데 거하심은 하나님의 생명이 사람에게 있다는 뜻이다. 이것이 교회이다. 하나님이 교회에 오심은 그 속에 진리가 있기 때문이다. 하지만 인간의 불순으로 진리가 왜곡되어 있다면 주님의 거하실 처소가 될 수 없다. 에컨대, 주님께서 세상에 오셨을 때 유대인들은 그분을 알아보지 못했다. 왜냐하면 그들은 진리를 받아들일만한 순수한 의도가 없었으며 진리를 알아볼만한 이해력도 둔했다. 이렇게 된 이유는 위선이 가득했기 때문이다. 그들은 율법을 왜곡하여 자기 중심적으로 이용하였다. 율법의 정신은 없고 껍데기를 가지고 위선적 행위를 하였다. 그 속에 참진리는 없었다. 이것이 위선자의 모습이다.

오늘날의 위선은 무엇인가? 내가 볼 때 지식인이 진리

를 얻고자 연구하지 않고 졸업장이나 학위를 가지고 지식 있는 척 한다면 이는 위선이다. 교회 조직에 맞게 처신은 잘하지만 진정 하나님과 이웃사랑이 없다면 위선이다. 애국심이 없으면서 국민을 위한다면 명분으로 비난 거리를 찾아다니면서 정의의 우월감에 도취되어 있는 국회의원은 위선이다. 국민을 위한 희생과 헌신은 없으면서 정권 잡기에만 골몰한 정치인은 위선이다.

이처럼 본질을 잃어버리면 위선에 불과하다. 본래 하나님께서 어떤 모습으로 인간을 창조하셨는가? 태초 인간의 모습은 순진무구 상태였다. "아담과 하와가 벌거벗었으나 부끄럽지 아니하였다"고 했는데 이 말은 그 당시 사람들은 순진무구하여 선한 의도를 가지고 있었음을 의미한다. 인간이 이런 모습을 유지하는 것이 하나님의 창조의 의도이다.

HOW
CAN
I
HAVE
PURITY
OF
INTENTION?

4장

의도의 내용_ 속사람과 겉사람

무엇보다 먼저 필요한 것은 자신의 내적 상태를
점검하는 것, 행동뿐만 아니라 의도의 악을 제거하는 것,
말 뿐만 아니라 생각의 거짓을 제거하는 것,
눈으로 보는 것뿐 아니라 하나님이 보시는 견지에서
내적인 악과 거짓이 제거되는 것이 우선이다.

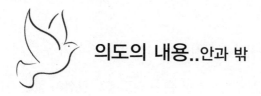

의도의 내용..안과 밖

 주님은 의도가 순수하지 않은 위선자에게 다음과 같이

말씀했다.

 "화있을진저 외식하는 서기관들과 바리새인들이여 잔

과 대접의 겉은 깨끗이 하되 그 안에는 탐욕과 방탕으로

가득하게 하는도다. 눈 먼 바리새인이여 너는 먼저 안을

깨끗이 하라 그리하면 겉도 깨끗하리라(마23:25-26)."

 이 말씀은 주님께서 바리새인에게 하신 말씀이다.

 주님은 바리새인들에게 그들이 타인은 잘 가르치지만

행동은 말과 다르다고 지적하신다. 잔과 대접의 안과 밖

은 속사람과 겉사람을 두고 말한다. 속사람에게는 원리

가 있고 겉사람은 규칙이 있다. 속사람에는 의도가 있고

겉사람에는 행동이 있다. 안에 탐욕과 방탕이 있음은 사

람 됨됨이의 원리를 무시하는 사람이다. 타인의 눈을 의식해서 행동은 조심하지만 순수 의도에는 관심이 없는 사람을 두고 하는 말이다. 즉, 밖은 깨끗하게 하지만 안은 부패되고 불결한 채 방치된 사람이다. 속사람과 겉사람을 다른 관점으로 생각하면 이해와 의지로 생각할 수 있다. 잔(CUP)은 이해라고 할 수 있는데, 그 이유는 잔은 포도주와 같은 액체를 담는 그릇이기 때문이다. 이해는 깨달음을 담는다. 그리고 대접은 의지를 상징한다. 그 이유가 음식을 담기 때문이다. 다시 말해서 잔은 물을 담는 것이라고 한다면 대접은 밥을 담는 그릇이다. 그런데 잔과 대접의 겉은 깨끗한데 속이 더럽다는 표현은 외적으로는 올바른 척하지만 속으로는 악한 것을 의도한다는 말이다. 속담에 미운 아이 떡 하나 더 준다는 말이 있다. 겉으로는 타인의 눈을 의식해서 행동하지만 속으로는 미운 경우를 두고 하는 말이다. 예컨대, 어느 사람이 교회당에서 습관적으로 찬송하고 기도를 하면서 죄지을 의도를 갖는다면 겉은 깨끗하게 하면서 속은 탐욕으로 가득 차 있는 것과 같다.

주님은 겉과 속이 다른 자들에게 이렇게 훈계하신다.
"눈먼 바리새파 사람들아, 먼저 안을 깨끗이 닦아라. 그래야 겉도 깨끗해질 것이다." 먼저 안이 깨끗해야 만이 밖이 깨끗해질 수 있다는 의미는 목적이 바뀌지 않으면 행동이 바뀌지 않는다는 그런 말이다.

다른 말로 하면, 동기가 순수하지 않으면 삶이 순수해질 수 없다. 목적이 예전 그대로 라면 변화를 기대할 수 없다. 이기적인 사람들은 목적을 위해서 모든 수단과 방법을 동원하여 주변 사람들을 희생시키고 자신의 목적을 이루어 나간다. 아무리 외모가 반듯하고 행동을 조심스럽게 한다고 할지라도 목적이 변하지 않는 한 본질적 변화는 없다. 그러므로 무엇보다 먼저 필요한 것은 자신의 내적 상태를 점검하는 것, 행동뿐만 아니라 의도속의 악을 제거하는 것, 말 뿐만 아니라 생각속에 거짓을 제거하는 것, 눈으로 보는 것뿐 아니라 하나님이 보시는 견지에서 내적인 악과 거짓을 제거하는 것이 우선이다.

중요한 것은 생각을 바꾸면 저절로 어떻게 되겠지 라고 상상하는 것은 잘못이다. 선한 목적을 위해서 악을 행할 수는 없다. 누군가 까닭없이 트집을 잡거나 비난을 퍼부어댈 때는 분명 어떤 의도가 숨어있는 지를 보아야 한다. 주님께서 하시고자 하는 말씀은 바깥쪽 깨끗함은 남에게 잘 보이기 위한 행동이므로 타인의 압력이 제거되면 선한 의도는 사라지고 악이 생산됨을 말씀하신다. 따라서 밖이 깨끗하게 되려면 안이 먼저 깨끗할 때만 가능하다. 주님께서 제자들의 발을 씻어 주실 때 이렇게 말씀하셨다.

"목욕을 한 사람은 온 몸이 깨끗하니 발만 씻으면 된다." 이 말은 안이 깨끗하다고 하면 이제는 계속해서 밖을 깨끗하게 하면 된다는 뜻이다. 그리고 이어서 말씀하시기를 "내가 너를 씻어 주지 않으면 너는 나와 아무 상관이 없다(요13:8)." 이 말씀은 주님의 진리가 안과 밖을 깨끗하게 한다는 말씀이다. 깨끗하게 됨은 회개를 의미한다. 주님께서 회개하라고 말씀하시는 이유는 의도를 분명하게 하라는 의미이다. 인간이 선을 의도하는 만큼 악이 떨어져 나가고 죄를 멀리 할 수 있기 때문이다. 그러므로 자신 스스로에게 3가지를 질문해야 한다.

첫째는 자신 안에 악이 있는가? 둘째 그것의 결과가 어떠한가? 셋째 정말로 악을 피하고자 하는 의도가 있는가? 하는 것이다.

속사람의 의도와 겉사람의 의도

바울은 속사람의 의도에 대해 말하기를 속사람은 하나님의 법을 즐거워한다고 하였으며 겉사람의 의도에 대해서는 겉사람은 죄 아래로 자신을 끌어 내린다고 하였다. 속사람과 겉사람은 사랑과 목적이 다르기 때문에 다툼이 벌어진다. 한쪽은 선을 향해 있고 다른 한쪽은 악을 향해 있기 때문이다. 이로 인해서 인간은 끊임없이 선과 악의 갈등을 겪게 된다.

속사람과 겉사람은 목적이 다르다. 속사람은 하나님을 높이지만 겉사람은 이기심을 부추긴다. 속사람은 하나님 나라의 목적을 중시하고 겉사람은 세상 나라의 목적을 중시한다. 이렇게 서로 목적이 다르기 때문에 둘은 불일치할 수밖에 없다.

성경에는 아브라함의 목자와 롯의 목자 사이에 다툼이

있었다(창13:5-7). 아브라함의 목자는 하나님께 예배하고
자 하는 자들이고 롯의 목자는 세상을 향해 나가려는 자
들을 의미한다. 이들은 양과 소와 장막과 같은 소유가 많
아서 함께 동거할 수 없다.

어떤 사람이 세상에서 위트가 넘치고 유쾌하고 재주가
많아서 사람들로부터 인기가 많았다. 그는 사람들의 인
기를 얻는 법을 잘 알고 있었다. 그러나 그의 속사람은
선을 실천하고자 하는 의도가 없었다. 만일 이 사람이 죽
게 된다면 저세상에서 결말이 어떻게 되는가?

그는 저세상에 들어서자 마자 그간 마음속에서 들려오
는 속사람의 음성을 무시하면서 살아왔던 어리석음을 후
회하게 된다. 왜냐하면 속사람의 목적에 따라 살았는가
와 그렇지 않은가 는 사후의 삶을 결정하기 때문이다.

주님께서 유대인들에게 이런 말씀을 하셨다.

"너희 중에 누가 나를 죄로 책잡겠느냐 내가 진리를 말
하는데도 어찌하여 나를 믿지 아니하느냐?(요8:46)."

유대인들이 주님을 비난한 것처럼 겉사람은 속사람을
거절하고 시비를 건다. 겉사람이 속사람을 거절하는 가

장 큰 이유는 겉사람에게는 진리가 없고 속사람에게는 진리가 있기 때문이다. 이는 거짓된 세상 사람들이 진리되신 주님을 거절하는 것과 같은 이치이다. 주님을 거절하는 이유는 진리가 그들의 죄를 인식시켜 주기 때문이다. 빛이 비치면 어둠이 물러가듯이 진리가 들어오면 죄가 밝히 드러난다. 전등을 켜자 어둠속에 바퀴 벌레가 그 모습을 드러내는 것과 같다.

그러므로 진리의 빛이 비치면 겉사람은 자신의 정체가 드러나기 때문에 속사람을 파괴시키려고 한다. 속사람이 커질수록 겉사람의 세력은 더욱 반발이 심해질 수밖에 없다. 주님은 계속해서 말씀하시기를 "내가 진리를 말하는 데도 왜 나를 믿지 않느냐?"고 말씀하셨다. 우리는 주님의 이런 호소에 귀를 기울여야 한다. 주님은 언제든지 기회가 주어지면 거짓이 가득한 마음속에 진리의 영으로 다가오신다.

다시 말해서 겉사람에게서는 진리가 나올 수 없다. 차가운 물에서 뜨거운 물이 나올 수 있는가? 죄에서 정의가 나올 수 있는가? 거짓에서 진리를 끄집어 낼 수 있겠는가? 그럴 수 없다. 겉사람은 목적이 다르기 때문에 진리가 드러날 수 없다. 사람들이 진리를 받아들이지 않는 것은 겉사람의 목적으로 진리를 대했기 때문이다.

"하나님에게서 온 사람은 하나님의 말씀을 듣는다"고 했다(요8:47). 언제나 속사람은 하나님의 진리에 귀를 기울인다. 목적이 하나님을 향해 있기 때문이다.

큰 의도와 중간 의도

큰 의도와 중간 의도가 있다. 큰 의도는 큰 사랑이고 중간 의도는 중간 사랑이다. 마치 1년이 있으면 1개월이 있듯이 의도를 그런 관점에서 분류할 수 있다.

인간이 살아있다고 말하는 것은 그에게 사랑이 존재하고 있음을 의미한다. 사랑하는 것은 삶의 가치이며 목적이다. 사랑 없는 목적은 무의미에 불과하다. 고로 무엇을 가장 크게 목적하는 지를 깨닫는다면 그는 목적 때문에 살아가는 힘을 얻고 그 목적을 생명같이 여기게 된다.

하나밖에 없는 아들을 위해 살아가는 어머니는 그 아들을 위해서라면 무엇이든 고생할 각오를 하면서 또 아들

을 보면서 희망을 얻는다. 어머니는 아들을 향한 큰 목적
과 사랑이 있기 때문이다.

 나라의 독립을 위해 모든 것을 희생했던 애국지사들은
나라의 독립을 큰 목적으로 삼았다. 그들은 자신의 안위
와 행복보다 더 큰 가치를 위해 목숨을 희생했다.

 배가 침몰되는 위기속에서 아이들을 구출하기 위해 뛰
어 들어갔던 교사는 결국 목숨을 잃었다. 큰 가치를 위해
서이다.

 그 다음, 작은 목적이 있다. 시간적으로 볼 때 큰 목적은
최종 목적에 해당된다. 큰 목적이 있으면 중간 목적이 존
재한다. 우리가 알아야 할 중요한 사실은 큰 목적이 분명
하고 확실하다면 중간 목적은 그렇게 중요하게 여기지
않는다는 것이다. 예컨대, 어떤 사람이 돈과 명예와 같은
세상적인 것에 큰 목적을 두고 살았다면 중간 목적은 흡
수되어 버린다. 그는 언젠가 자기 생명이 지옥적임을 깨
닫게 될 것이다. 반대로 하늘나라를 큰 목적에 두고 살았
다면 중간 목적이 실수를 범했을지라도 언젠가 그의 생
명은 천국적 임을 알게 될 것이다.

HOW
CAN
I
HAVE
PURITY
OF
INTENTION?

5장

순수 의도의 방법_순수 의도 회복

아주 잠깐이라도 잠시 생각해 보는 습관을 기른다면
본인의 선한 의도를 효과적으로 전달할 수 있다.
의도 표현 습관을 갖게 된다면 조금씩
진전을 갖게 될 것이다.

순수 의도 회복

순수 의도를 회복하기 위해서는 어떻게 해야 하는가?
교회를 비롯하여 사회의 모든 부분이 갈등이 증폭되는
이유 중의 하나는 순수 의도의 파괴 때문이다.

순수가 사라지면 나타나는 현상이 있는데 그것은 상대
방의 순수 의도에 대한 의심이다.

성경에 이런 비유가 있다. 양 일백마리가 있는데 그중
에 한마리를 잃어버렸다. 그러자 목자는 아흔아홉마리
를 그대로 두고 한마리를 찾으러 나섰다. 그리고 한마리
를 찾았을 때 마우 기뻐하여 친구와 이웃을 불러 모으고
잔치를 하였다.

이 비유는 순수를 의미하는 한마리 양을 비유한 것이다.
그 한마리가 너무나 소중하기 때문에 그 한마리를 찾아

야만 나머지 아흔아홉마리가 완전해진다. 그런 면에서 잃어버린 양 한마리는 곧 순수 의도이다. 그러므로 누구든지 믿음을 가지고 있다고 말하지만 순수가 빠진 믿음은 믿음이 아니고, 순수가 빠진 헌신은 헌신이 아니다. 순수가 사라지면 그 자리에 남는 것은 동기를 의심하는 일밖에 없으므로 분열 증세가 생긴다.

예컨대, 언론은 각 사회의 뉴스를 전해주는 곳이다. 뉴스속에는 개인의 견해나 해석이 들어 가면 편파 방송이 된다. TV나 라디오에서 듣는 화면과 목소리를 사실 그대로 듣는 국민들은 뉴스 자체를 보고 분노하고 때로는 절망한다. 그러나 그 내용이 시청자의 관심을 끌기 위해 부풀린 뉴스라고 한다면 그 일을 당하고 있는 당사자는 얼마나 애를 태울 것인가? 특정인이 언론을 이용하여 다수를 상대로 자기 원하는 목소리를 내고 그 힘을 빌어 상대방을 죽이고자 한다면 그야말로 악한 의도일 수밖에 없다. 이런 식으로 순수 의도가 사라지면 의심으로 거짓을 사실로 둔갑시켜 희생양을 만들게 될 뿐만 아니라 사회의 분열을 조장한다. 언론이 순수를 잃어버리면 사회

분열 증세가 일어난다.

 그러므로 건강한 사회를 위해서는 순수 의도가 회복되어야 한다. 그 이유는 순수 의도만이 거짓을 몰아내고 믿음을 가져오기 때문이다.

 유대인들은 진리를 알고자 했으나 그들은 순수 의도가 빠져 버렸기 때문에 결국 그들은 진리 자체를 십자가에 매달아 죽여 버렸다. 유대인들의 최대 비극이다. 순수 의도를 그들이 가졌더라면 그들은 거짓에 속지 않고 진리를 영접했을 것이다.

 그러면 순수 의도는 무엇인가? 순수 의도는 거짓없는 마음 상태이다. 만일 마음속에 순수 의도가 사라지면 남는 것은 온통 자기밖에 없다. 온통 나만 잘났다고 하는 세상에서 그 결과는 분쟁과 갈등뿐이다. 이대로 가면 그 끝은 어디인가?

 순수 의도를 어떻게 회복할 것인가?

 순수 의도를 회복하기 위해서는 먼저 심사숙고하는 자세를 가져야 한다. 심사숙고는 생각을 깊이 하는 것을 말한다. 다시 말해서 근본 취지나 본질적 의미를 알고자 노력을 하는 것이다.

 이런 노력은 영혼의 재건설 작업과 같다. 자신의 무지를 알고서 근원적인 빛의 세계로 나아가는 것이다.

세례를 통한 의도의 순수성

 세례는 깨끗하게 되는 것을 의미한다. 깨끗하게 된다는 말은 순수를 회복한다는 말이다.

 세례의 정의는 씻음(Washing)이다. 세례는 고대로부터 내려온 종교 풍습이다. 세례는 유대 교회에서도 이미 존 재했었다. 유대인들은 세례를 특별한 자만 베푸는 수단 으로 여겼으며 메시아가 강림해서 베푸는 것으로 이해했 다. 그래서 그들은 요한에게 이렇게 물었다. "당신이 그 리스도도 아니요 엘리야도 아니요 예언자도 아니라면 어 찌하여 세례를 베푸는 거요?(요1:25)."

 유대교회의 모든 예식은 기독교에 와서는 세례, 성찬 예 식으로 집약된다. 씻음은 세례이고 축제는 성찬 예식으 로 설명할 수 있다. 세례는 회개를 의미한다. 회개는 종 교의 시작이다. 이를 통해 영혼은 죽음에서 생명으로,

넓은 길로 가는 길목에서 좁은 길로 인도되며 천국과 지옥의 경계선 너머로 옮겨 준다. 회개는 모든 자질과 목적, 활동이 아래쪽으로 향하던 데서 위쪽으로 방향 전환이다. 세상과 자아로 기울던 인간이 천국과 하나님께로 들어 올리는 것이다. 다시 말해서 악에서 선으로 방향 전환이다. 그러므로 먼저 악을 죄로 여기지 않으면 회개할 수 없다.

세례는 의도가 순수해지도록 하기 위해 제정된 예식이다. 세례는 몸을 물속에 완전히 잠그는 예식이다. 물은 진리의 상징이다. 그러니까 세례는 진리를 통해서 악을 깨끗하게 씻어내는 표시이다. 세례 요한은 요단강에서 세례를 베풀었는데, 요단강에서 세례 예식을 한 이유는 요단을 건너면 곧 가나안이기 때문이다. 가나안 땅은 천국을 상징한다. 요단강에서의 세례는 순수해짐을 통해 천국으로 간다는 표시이다. 천국에 들어가기 위해서는 죄악에 물든 옛사람을 벗고 순수해진 새사람으로 옷 입어야 한다. 이렇게 세례는 진리로 인해 죄에 대해서 죽고 새생명으로 나아감을 의미한다.

그러면 어떻게 해서 순수를 잃어버렸는가? 감각 위주의 삶을 살았기 때문이다. 감각 위주의 삶은 세상적이고 육신적인 것에만 치중하면서 만족을 추구했다는 말이다. 결국 자아 만족의 삶으로 순수가 파괴되었다. 회개는 자아만족의 삶에서 순수를 되찾게 하는 힘이 있다.

의도와 행위

주님께서 두 아들에 대한 비유의 말씀을 하셨다. "너희 생각에는 어떠하냐! 어떤 사람에게 두 아들이 있는데 맏아들에게 가서 이르되 얘, 오늘 포도원에 가서 일하라 하니 대답하여 이르되 아버지 가겠나이다 하더니 가지 아니하고 둘째 아들에게 가서 또 그와 같이 말하니 대답하여 이르되 싫소이다 하였다가 그 후에 뉘우치고 갔으니 그 둘 중의 누가 아버지의 뜻대로 하였느냐? 이르되 둘째 아들입니다. 예수께서 그들에게 이르시되 내가 진실로 너희에게 이르노니 세리들과 창녀들이 너희보다 먼저 하나님의 나라에 들어가리라 요한이 의의 도로 너희에게 왔거늘 너희는 그를 믿지 아니하였으되 세리와 창녀는

믿었으며 너희는 이것을 보고도 끝내 뉘우쳐 믿지 아니

하였도다(마21:28-32)."

 이 비유의 주제는 불순한 의도를 가진 자의 위선과 순

수 의도를 가지고 돌이킨 자에 대한 종말을 상징한다. 주

님께서 이 비유를 통해서 말씀하시고자 하는 뜻은 위선

은 공개적인 죄보다 질적으로 더 나쁘다는 것이다. 위선

은 외적으로는 아름답게 보이지만 선이 보이지 않고 속

은 이미 악으로 썩어 있다. 이런 종류의 사람은 선을 행

할 줄 알면서도 악을 행하는 위선자들이다. 위선자는 선

이 좋은 줄 알기 때문에 공개적으로는 선하게 행동하고

말을 한다. 하지만 속에는 악한 의도가 내포되어 있기 때

문에 불순종한다. 반면에 공개된 죄인은 이미 악이 드러

났기 때문에 감출 것이 없다. 세리나 창녀들처럼 이미 죄

인이라는 사실이 드러났다. 이들은 자신의 잘못을 수정

할 것밖에 더 이상 숨길 필요가 없다. 하지만 이들에게는

순수 의도가 있었기 때문에 결국은 순종했다.

 본문의 내용을 살펴보면, 어떤 사람이 큰 아들에게 포도

원에 가서 일을 하라고 말했다. 넓은 의미에서 포도원은

교회를 상징한다. 좁은 의미로는 인간의 이해력을 의미한다. 즉, 생각하는 능력을 말한다. 인간은 이해 수준이 좁거나 편협하면 그만큼 진리를 아전인수격으로 이해할 수밖에 없다. 인간의 이해하는 능력은 인간이 짐승과 구별되는 점이다. 짐승은 본능에 의해서만 움직이지만 인간은 삶의 원리를 배워 실생활에 적용한다. 다시 말해서 삶의 가치관이나 윤리, 도덕을 습득하여 현실 속에서 살아간다. 크게 말하면 진리를 배워서 행동한다는 뜻이다.

진리의 빛이 올 때 진리를 이해하고 삶에 적용하는 것이 사람의 도리이다.

이 비유에서 주님은 포도원 일을 시키면서 오늘 그 일을 하라고 권고하셨다. 오늘은 현재를 의미한다. 현재는 지금이고 그 일이 필요한 시점이다. 그러므로 현재 일을 하지 않으면 일하지 않는 것이다. 내일은 아직 오지 않은 시간이고 어제는 이미 없어진 시간에 불과하다. 현재 일을 하는 것과 하지 않은 것의 차이는 그 일로 인해서 생각과 느낌이 달라지기 때문이다. 일을 할 때와 일을 하지 않을 때는 내면의 변화가 다르다. 인간은 현재를 디디고 더 높은 상태로 나아가는 존재이다. 더 높은 상태로 올라갈 수 있는 것은 현재 작업이 되었기 때문이다. 그렇지 않으면 더 큰 일을 바라볼 수 없다.

계명은 늘 현재 속에서 존재한다. 현재 그 계명을 실천해야 하는 것이고 당장 계명을 삶에 적용해야 한다. 인간이 하나님의 계명을 이해하고 받아들인다는 말은 현재 상황 속에서 진행한다는 말이다. 미래에 믿겠다든지 차차 하겠다는 말은 현재가 없는 말이고 거부 의사표현 이다. 그러므로 진리를 이해하고 깨달음은 현재 진행되는 사건이다.

'현재'에 대해 다른 의미로 말하면 오늘이라는 말속에는 영원이 들어있다. 신학자 어거스틴은 저 세상의 삶은 영원한 현재라고 하였다. 만일 어떤 이가 현재 거듭나고 있다면 그는 영원한 세계에 입문한 것이다. 현재가 영원까지 이어지기 때문이다.

다시 본문으로 돌아가서 큰아들은 무엇을 의미하는가? 큰 아들은 불순 의도이다. 그는 아버지의 권고에 순종하겠노라고 말을 했지만 실상은 가지 않았다. 가식적인 것에만 관심이 있고 의도는 순종에 관심이 없다. 반면에 둘째 아들은 아버지의 권고를 이해하지 못했기 때문에 처음에는 싫다고 말했다. 하지만 그가 진리를 제대로 이해하게 되었을 때 그는 의도가 있었기에 순종했다. 둘째 아들의 경우, 순수 의도로 인해 결국은 실천하게 되었다.

그러나 큰 아들의 경우, 아는 것은 많으나 지키고자 하는 의도가 없고 진리에 대한 진정성도 없다. 의도가 결핍된 상태였으므로 결국은 지키지 않았다. 큰 아들의 거짓 고백은 위선적 행위에 불과하다. 그것은 오히려 진리를 모독한 것이다. 차라리 말씀의 의미를 이해하지 못하는 사람은 말씀을 모독할 수도 없다.

작은 아들은 순수 의도가 있으므로 지식만 있으면 얼마든지 실천할 의사가 있다. 이들은 진리를 이해하는 눈이 뜨여지면 쉽게 회개가 가능하다.

종합해서 볼 때 큰 아들과 둘째 아들은 순수 의도와 불순 의도의 차이를 말한다. 이 사람들 모두 주님의 포도원에서 일하도록 부름을 받았다. 주님께서 포도원에 일하도록 불렀다는 의미는 진리를 깨닫고 실생활에 적용하라

120

는 의미이다. 그 결과 작은 아들은 처음에는 싫다고 말했지만 결국 실천했고 큰 아들은 대답은 잘했지만 실천하지 않았다. 문제는 의도의 문제이다. 의도가 잘못되면 아무리 많은 지식이 있어도 위선적인 삶을 살 수밖에 없다.

오늘날의 작은 아들은 누구인가? 순수 의도를 가지고 진리를 깨닫고 실천하는 자이다. 고의적으로 진리를 따르지 않는 자들과 얼마나 다른가! 스스로 믿음이 있노라 말하면서 자기욕심대로 살아가는 자들은 자신의 믿음을 거짓된 믿음으로 만드는 자들이다. 이들의 마음은 진리에 대한 의도가 없다. 그러면서 자신은 구원 뿐만 아니라 상급을 받을 것이라고 주장하는 자들 또한 부지기수이다. 진정성이 사라져 껍데기만 남은 피상적인 모습이다. 또 이런 자들에게는 이웃 사랑이 없다. 이들에게 남은 것은 생색내는 동정심 정도이다. 이들은 이웃 사랑이 하늘나라 요소라고 생각하지 않는다. 오히려 이웃 사랑보다 자신들의 신념이 더 중요하다고 여긴다. 이들의 마음속에는 이미 의도가 사라져버려 텅 비워 버린 상태가 되고 말았다. 이들은 오히려 이렇게 주장한다. 이웃 사랑이 사

/21/

라져 버린 이유는 하나님께서 사랑을 주시지 않은 까닭이라고 말한다. 그래서 더욱 하나님의 사랑을 달라고 찬송을 부르면서 기도를 한다. 자신의 메마르고 삭막해진 원인이 하나님의 사랑의 부족이라고 하면서 하나님이 어디 계신지 모르겠다고 하면서 투덜거린다. 자신의 의도가 잘못이라는 생각은 절대로 하지 않는다.

악의적 태도

진리를 알지만 악의가 있는 자들은 순수 진리를 받지 않는다. 악의가 가득한 자들은 과거 유대인이 주님께 했던 것처럼 순수 진리가 명확하게 다가올수록 일부러 진리를 거절한다. 주님께서 화있을진저! 바리새인아! 하고 말씀하셨을 때, 그들은 주님을 어떻게 잡아 죽일까 하는 궁리를 했다. 주님은 두 아들의 비유를 말씀하신 후에 대제사장과 백성의 장로에게 "둘 중에 누가 아버지의 뜻대로 하였느냐?"고 물으셨다. 그러자 그들은 "둘째 아들입니다"고 대답했다. 대제사장과 장로들은 진리를 볼 수 있는 눈이 있었다. 주님은 모든 인간에게 진리를 볼 수 있는 이해력을 주셨다. 그러나 그럼에도 불구하고 그

122

들은 진리를 거절하였다. 만일 그들이 진리에 대한 순수 의도가 있었다면 그들은 회개했을 것이고 진리대로 살기 위해 포도원에 일하러 갔을 것이다.

겉과 속

인간의 마음에는 두 가지 측면이 있다. 내적 측면과 외적 측면이다. 내적 측면을 속이라고 하고 외적 측면을 겉이라고 부른다. 속은 선을 추구하고 겉은 진리를 추구한다. 사람이 거듭나게 되면 선을 추구하는 것과 진리를 추구하는 것이 히모니를 이룬다. 그래서 거듭나는 자는 진리를 사랑하고 선한 열매를 맺는다.

반대로 세속을 원하는 자는 겉으로는 늑대가 양의 탈을 쓰는 것처럼 선한 모습으로 꾸민다. 겉으로는 법을 준수하는 것처럼 하면서 법의 정신을 깨뜨린다. 겉과 속 즉, 포장과 의도가 거짓과 악으로 가득하다. 이런 자의 겉과 속을 떼어놓고 보면 겉으로 나타나는 행동은 속에 있는 의도보다 그나마 더 나은 셈이다.

그러나 또 다른 종류의 사람이 있다. 미약하지만 겉보다

속이 그나마 더 나은 사람이다. 이런 사람은 순수의 정도가 미약하여 가끔은 속마음에서 동정심을 베풀지만 변화되지 않은 겉마음은 쉽게 악에 기울고 세상 유혹에 너무나 쉽게 쓰러진다. 이는 죄의 유전성 때문이다. 사실 이런 자들의 겉모습만 보면 거듭난 것처럼 보이지만 실상은 그렇지 않다. 겉으로 보기에 착한 것처럼 보이지만 막상 뚜껑을 열고 보면 매우 흉악스럽다. 이런 형태를 보고 간악하다고 한다. 그래서 이런 자에게 속기도 한다. 하지만 이런 자에게 환란의 바람이 불어와서 가식적인 포장지가 뜯겨져서 자신의 행위가 드러나면 그나마 속에 남아있던 순수 의도가 올라오기도 한다. 마음속의 남은 그루터기(Remains)가 올라온다. 그것은 많은 시험의 풍랑을 거친 후의 이야기이다. 그래서 성경에는 고난이 유익이라고 하였다. 이들은 약간의 진정성이 보이기는 하지만 위선은 분명하다. 악의적인 위선보다는 약하지만 위선은 위선이다. 이런 자는 가끔 속에서는 선을 추구하고 바른 의도를 가지고 살고자 하는 마음이 있지만 누군가 유혹하면 금방 넘어진다. 마음을 정하지 못하고 두 마음을 품은 상태이다. 그러니 어쩌면 이런 자에게 속고 사는 것은 당연하다고 말할 수 있다. 자신도 죄를 지을 때는 고민하고 힘들지만 또한 이를 포장하기 위해 상대방에게 극도의 악랄한 행동을 하기도 한다. 미리 방어하는 것이다. 하지만 자신은 늘 절망한다. 흔히 이런 자는 열등감이 많고 진리를 배우지 못하고 부모의 유전악을 그대로 물려 받을 때 온다. 이런 자는 샘물에서 쓴물과 단물을 내는 것과 같고 마음에 두 사람이 살고 있는 것과 같다.

두 아들의 비유는 두 계층에 대해 질문을 던진다. 하나는 죄를 회개하면서 인생을 수정하면서 살아가는 사람들과 다른 하나는 사람 앞에서는 바르게 사는 것처럼 보여서 인생을 수정하지 않는 사람들이다. 첫째 경우는 의도가 행위보다 더 나은 상태여서 순수 의도가 행동을 바로 잡게 되는 경우이고, 둘째 경우는 타인에게 보여주는 포장된 모습이 의도보다 더 크기 때문에 위선이라고 할 수 있다. 다시 말해서 첫째 경우는 천국에 놓여진 반면에 둘째 경우는 지옥이 인간을 점령해 버린 상태이다. 즉, 늑대가 양의 탈을 쓰고 있는 형국이다.

그루터기(Remains)

그루터기는 주님께서 인간의 마음에 남겨두신 선한 의도의 상태를 말한다. 작은 아들의 경우, 의지안에 그루터기가 남아 있었다. 비록 그가 불순종하는 동안에도 그루터기는 완전히 없어지지 않았다. 그렇기 때문에 그가 돌이켜 회개할 때 그루터기가 움직여질 수 있었다. 그러나 큰 아들의 경우는 이해는 했지만 악한 의도가 굳어짐으로 그루터기는 질식 상태가 되어 회개하기가 어려워졌다.

어쨌든지 작은 아들은 회개했다. 회개와 더불어 새 마음과 새 생활을 이루었다. 그러나 큰 아들은 회개도 새 마음도 새 생활도 없었다. 그야말로 회칠한 무덤이 되었다. 속은 죽음과 부패로 꽉 차 있었다. 성경에 "나더러 주여, 주여 라고 말한다고 천국에 들어가는 게 아니라, 내 아버지의 뜻을 행하는 자라야 천국에 들어간다."는 말씀을 기억해야 한다.

세리와 창녀

세리는 로마 지배하에 있던 유대인들로부터 세금을 징수했던 사람들이다. 세리들이 유대인에게 미움을 받았음은 당연한 일이었다. 또 창녀는 거짓을 사랑하는 이를 대표한다. 그런데 주님은 "세리들과 창녀들이 너희보다 먼저 하나님의 나라에 들어가리라"고 말씀하셨다. 이들이 비록 죄 가운데 살고 있지만 악의가 굳어진 상습적인 범죄자라고는 볼 수 없기 때문이다. 창녀는 젊은 여자로 그런 삶이 죄악임을 알지 못하거나 되새겨 본 적이 없는 여인들이다. 죄의 행동에 빠져 있었지만 속은 선한 마음을 가지고 있었던 듯싶다. 세례 요한의 설교로 많은 세리와 창녀가 회개해서 행실을 고쳤다. 그리고 그들은 천국에 갔다. 즉, 진리로 삶을 개혁한 것이다.

바리새인

사람들로부터 버림당한 세리와 창녀는 회개해서 새로운 삶으로 변화되었지만 상습적 위선자 바리새인은 회개하지 않았다. 그들의 삶은 수정되지 못했다. 마음속에 악한 의도가 뿌리 깊게 자리 잡고 있었기 때문에 위선이 굳어졌던 것이다. 그들은 세리와 창녀가 회개하는 모습을 보았지만 정작 자신들은 회개하려고 하지 않았다. 회개를 시도하지 않았다. 그래서 예수께서는 바리새인과 율법학자를 보고 "말만 하고 실천하지 않는 자들"이라고 지적하셨다. 그들은 "입술로는 가까이 오고 혀로는 나를 경외한다고 하면서 마음으로는 내게서 먼 사람들"이라고 질책하셨다.

바리새인은 성경구절을 넣은 갑을 이마와 팔에 매달고 옷에는 기다란 술을 달고 다니면서 사람들이 많이 다니는 길 사거리에서 오랫동안 기도를 하였으며 많은 헌물을 바쳤지만 마음속으로는 진리를 알고자 하는 의도가 없었다. 그래서 진리 되신 주님께서 그들을 보시면서 분노하셨다. 주님은 이어서 말씀하시기를, "율법학자들과 바리새인아! 너희 같은 위선자들은 화를 입을 것이다. 너희는 박하와 회향과 근채에 대해서는 십분의 일을 바치라는 율법을 지키면서 정의와 자비와 신의 같은 아주 중요한 율법은 대수롭지 않게 여긴다. 십일조를 바치는 일도 소홀히 해서는 안되지만 정의와 자비와 신의도 실천해야 할 것이다." 라고 말씀하셨다.

 또한 바리새인을 두고 주님은 말씀하시기를, "이름만 살아 있을 뿐, 실상은 죽은 자들"이라고 말씀하셨다. 왜 바리새인들은 회개하지 못하는가? 이들이 회개하는 데 큰 장애물은 자기 공로주의 때문이다. 이들은 타인으로부터 존경의 대상이 되고자 하는 의도로 인해 악마적인 악의를 싸고도는 현상을 만들어 냈다.

 외적인 죄는 현상적으로 드러나기 때문에 쉽게 파악되고 공개되므로 자신의 죄를 보는 것이 쉽다. 하지만 숨겨진 죄는 자신 스스로도 보기가 어렵다. 종교인은 타인의 눈을 의식해서 행동하기 때문에 겉보기에는 문제가 없어 보일 수 있다. 중요한 것은 의도이다. 악한 의도가 가득하면 회개가 어렵다. 악의가 가득한 자의 특징은 타인을 은근하게 무시하고 자기 공로를 내세운다. 그리고 그 결과 하나님과 인간에게 마음 문을 굳건하게 닫아버리고 포장하는 데 모든 노력을 기울인다.

의도의 순수성과 회개

 악의가 있지만 죄가 노출되지 않고 타인으로부터 존경

의 대상이 될 때 어떤 일이 벌어지는가? 사람이 악의를 버리지 못한 채 겉으로 보이는 행위를 칭찬받기 시작하면 자만이 찾아온다. 자기 의라는 더 큰 죄에 빠져들기 시작한다. 이로 인해 자신에게 선의가 있는 줄로 착각하고 악의를 보지 못하게 된다. 이로 인해 자아중심적인 미숙한 상태에 머문다.

예컨대, 성질이 급해서 실수를 자주 저지르는 사람은 타인으로부터 자신의 실수나 잘못을 자주 지적받을 수 있어서 오히려 반성할 수 있는 기회가 있다. 그러나 실수하지 않기 때문에 겉보기에는 완벽하고 매끈해 보여서 사람들로부터 인정받지만 마음속에는 미움, 시기, 복수 같은 것이 내재해 있는 사람은 위험한 사람이다. 그는 실수를 하지 않으므로 타인의 지적을 받을 기회가 없다. 누구도 그에게 잘못을 지적해줄 사람이 없다. 이런 자는 회개하기가 어려운 지경에 빠진다.

어쨌든 인간의 악의가 작동하여 죄에 빠져서 시험의 풍랑을 만나게 되는 경우가 있다. 그래서 심한 고통 중에 주님앞에 회개하기도 한다. 이처럼 주님은 사람이 구덩

이에 빠져버린 자신의 처지를 보고 회개하도록 이끄신

다.

 큰 아들과 둘째 아들은 모두 회개가 필요했던 사람들이

다. 유대인과 이방인, 세리와 창녀, 바리새인과 율법학

자 모두 회개가 필요한 인물이다. 타인 앞에서 얼굴 들고

다니기가 힘들 정도로 공인된 죄가 있는 사람과 위선이

없는 진실된 사람은 겸손해질 것이 분명하다.

 그러나 겸손한 자이든 위선자이든 그 누가 되었든 모든

사람은 회개가 필요하다. 그 이유는 단지 위선이 없다는

것이 위선 외의 다른 악이 없다는 뜻은 아니기 때문이다.

위선이 없다고 해서 또 다른 악이 없다고 보장하지는 못

한다. 또 다른 악이 그를 어떤 지옥으로 끌고 가지 않을

거라는 확증은 없다. 세리와 창녀들은 위선자가 아니어

서 천국에 간 것이 아니라 그들이 악행하기를 끊고 회개

하였기 때문이다.

 주님께서는 일을 위해서 두 아들을 포도원으로 부르셨

다. 포도원에서 일하는 것은 진리를 배우고 진리를 행하

는 것이다. 포도원에서 일하기 위해서는 성실함이 필요

하다. 진정한 의미에서 거듭나지 않으면 성실함도 없다.

충동성(IMpulsiveness)

주변을 살펴보면 매우 충동성이 강한 사람이 있다. 이들은 조금도 심사숙고하지 않고 생각나는 대로 말을 하거나 마음먹은 대로 행동을 해서 주변 사람을 곤혹스럽게 한다. 이들도 자신의 이런 행동을 알고는 뒤늦게 후회하기도 한다.

충동적인 반응을 보이는 자들은 뒤늦게 후회하면서 말하기를 "사실 나는 그런 의도가 아니었는데, 성질이 급해서 그만 실수를 했습니다" 하거나 "화를 내서 미안합니다" 라고 말한다. 이들은 선한 의도는 있으나 순간에 감정을 못이겨서 마치 공을 벽에 던지면 그대로 반사되어 되돌아 오듯이 즉각적으로 반응을 보인다.

이들에게는 의도를 표현하는 훈련을 하는 것이 필요하다. 아주 잠깐이라도 잠시 생각해 보는 습관을 기른다면 본인의 선한 의도를 효과적으로 표현할 수 있다. 혹시 대인관계에서 문제가 발생한다면 잠깐이라도 잠시 바깥 바람을 쐬이면서 선한 의도를 어떻게 표현할까를 생각하거니 커피를 마시면서 그런 생각을 한다면 의외로 선한 말이 떠오르기도 한다. 아니면 이렇게 말하는 것이다. " 나의 본래 의도는.." 이렇게 말하면 좋은 말이 생각나기도 한다.

감정대로 살면 상대방의 악감정을 유도하게 되고 이성을 잃어버려 분노하게 되거나 극단적 행동을 하게 되기도 한다. 그러나 선한 의도 표현 습관을 갖게 된다면 감정에 휩싸여서 하는 실수를 줄일 수 있다. 선한 의도 표현 훈련을 하면 성숙한 진전을 하게 된다.

다시 말해서 반응을 하기 전에 내적인 생각과 느낌을 점검하고 깊이 심사숙고하면서 행동하라는 말이다. 이렇게 잠깐이라도 심사숙고하려는 습관은 결국 균형을 맞추어서 자신을 지켜 준다.

선한 의도 표현은 가정과 사회에서 유익한 습관이 되어 자신에게 돌아오게 된다. 대인 관계에서나 일상 생활에서 꼭 필요한 훈련이라고 할 수 있다.

HOW
CAN
I
HAVE
PURITY
OF
INTENTION?

6장

의도 불순자_거짓예언자

타인을 죽이고자 하는 믿음을 가진 자는
진리도 없고 주님 사랑이 없으며 우월감을 위해서
종교생활을 할 뿐이다. 세상에서 가장 추잡한 형태가
바로 이런 궤변적 믿음이고 말로만 떠드는 자의 목소리이다.
이런 자들 앞에 천사가 나타나도 이들은 적으로 여길 것이 뻔
하다. 의도가 잘못되었으니 천사가 선하게 보일 리 만무이다

의도 불순자

 평생을 종교 생활 하면서 이기적 욕심을 하나님의 뜻으로 오도해왔던 인간들, 자신들이 오랫동안 교회 문화 속에 젖어온 익숙한 교리와 관습을 진리라고 주장하면서 절대 배우려고 하지 않고 욕심에 근거한 종교 생활을 영위하는 무리들이 의도 불순자라고 할 수 있다.

 이들은 자기가 주님의 이름을 부르면 주님께서 곧 바로 "사랑하는 아들아!" 하면서 응답하실 거라고 생각한다. 성경은 "우리가 주님의 이름으로 예언을 하고 주님의 이름으로 마귀를 쫓아내고 또 주님의 이름으로 많은 기적을 행하지 않았습니까?" 하고 말하는 자를 빗대여 위선자라고 말했다. 이 말속에는 하나님을 자기의 욕심에 맞게 이용한다는 뜻이다. 그러면서 내가 주님의 이름을 말했으니 당연히 하나님도 역시 기뻐하실 것이고 내 마음이 좋으니 하나님께서도 좋아하실 것이라고 여긴다.

목적이 하나님의 뜻을 구하는 것이 아니고 자기의 욕망 성취이다. 이들은 자신을 하늘나라에서 큰 존재라고 생각한다. 분명한 것은 이들에게 진실함이 빠져 있다는 것이다. 이들이 행한 것은 모두 사람들에게 보여주기 위한 쇼윈도우 같은 것이다. 이들의 말은 하늘에 계신 아버지의 뜻과는 거리가 멀다. 왜냐하면 아버지의 뜻은 무엇보다 먼저 하나님을 사랑하고 이웃 사랑이기 때문이다.

이것이 기독교의 진정한 믿음이다. 많은 이들이 믿음을 기독교 문화 속에 들어가서 종교적 확장 사업으로 생각하는데 절대 그렇지 않다. 믿음은 하나님의 대강령을 실천하는 것뿐이다. 그 이상 더 없다. 하나님 사랑과 이웃 사랑이 빠진 것은 절대로 믿음이 아니다. 하나님과 이웃 사랑 없이 기도하는 것, 예언하는 것은 오히려 악마를 기쁘게 만드는 꼴이다. 이렇게 하는 짓거리는 자신의 영혼을 위한 것이 아니고 세상과 육신을 위한 것이다.

138

이런 품성을 지닌 자들은 입만 살아 있는 자들이다. 이들은 진리도 없고 주님 사랑도 없다. 단지 자신의 교리 확장과 존중받기를 위해서 종교생활을 할 뿐이다. 세상에서 가장 추잡한 종교 형태가 바로 이런 궤변적 믿음이고 말로만 떠드는 교리 믿음이다. 만일 이런 자들 앞에 천사가 나타나도 이들은 적으로 여길 것이 뻔하다. 의도가 잘못되었으니 천사가 선하게 보일 리 만무이다.

주님께서 이런 자들에 대해 말씀하셨다. "나는 너희를 도무지 알지 못한다." 왜 주님께서 이런 말씀을 하셨는가? 그들의 생애가 사기극이기 때문이다. 그들은 오로지 자기 이익을 위해서만 행했기 때문이다. 그들의 의도는 오직 이기적인 욕심과 쾌락이었다. 나쁜 나무가 좋은 열매를 맺을 수 없기 때문에 내게서 떠나가야 한다는 주님의 말씀은 그들에게 꼭 맞는 표현이다. 주님과 그들 사이에는 공통분모가 없다. 거짓과 악은 주님으로부터 떠나야만 한다. 하늘나라에서 제거되고 축출되어야 마땅하다. 주님께서 그들을 던져 버린 게 아니라 거룩한 상태를 싫어하는 그들이 스스로 주님을 밀어낸 것이다.

거짓 예언자

거짓 예언자는 가짜 선생들을 의미한다. 넓게 말하면 왜곡된 원리이다. 거짓 예언자를 조심해야 하는 이유는 거짓 예언이 우리의 선생이 되어 우리 사상을 지배할 염려가 있기 때문이다. 자칫 우리들은 편견과 치우친 사상을 진리라고 여겨 그것을 추종할 수도 있다. 우리는 분별의 능력으로 진리는 수용하고 거짓은 거절해야만 한다.

또 거짓 예언자를 조심해야 하는 이유는 그들이 양의 탈을 쓰고 있지만 속에는 사나운 늑대가 들어 있기 때문이다. 거짓 예언자는 악의가 도사린 위선자들이다. 그들은 겉으로는 매우 친절하지만 속에는 엄청난 이기심이 도사리고 있다. 입으로는 사랑을 부르짖지만 마음에는 파괴 본능이 도사리고 있다.

그러므로 중요한 것은 진리와 거짓을 정확하게 식별하는 일이다. 사람들은 자기가 가르치는 게 정답이라고 말한다. 자기 생각이 틀렸다고 말하는 사람은 없다. 또한 진리가 아닌 것을 기꺼이 받아들일 사람도 없다.

진리를 잘못 받아들이면 거짓을 진리로 믿게 된다.

140

 그러면 마치 상한 음식을 먹어 배탈이 나는 것과 같다. 거짓 예언자의 가르침 속에는 파괴력이 있다는 것을 기억해야 한다.

 그러면 어떻게 거짓 예언자를 분별할 수 있을까? 그것은 간단하다. 주님께서는 "너희는 열매를 보고 그들을 알게 될 것이라"고 말씀하셨다. 열매는 행위의 결과를 말한다. 이 말씀은 거짓 예언자는 도덕적 수준만 가지고도 구별할 수 있다는 의미이다. 거짓을 가르치는 선생, 진리를 말한다고 외치는 위선자들의 겉만 보고 판단하기는 쉬운 일이 아니다. 중요한 것은 이들에게는 거짓 원리가 있다는 것이다. 거짓 원리를 판단하는 기준은 삶이다. 왜냐하면 원리는 열매가 되어 드러나기 때문이다.

 그러면 열매는 무엇인가? 만일 사람의 마음속에 세상적 욕망이 가득하다면 가시와 엉컹퀴가 얽힌 열매가 나올 것이다. 마음속에 욕망이 뿌리를 내리고 있다면 결코 선한 열매가 생산될 수가 없다. 겉으로 양의 탈을 하고 있어도 선은 존재할 수 없다. 잠깐 동안 남의 눈을 속일 수는 있지만 시간이 지나면서 정체가 드러나게 된다.

141

포장은 했지만 시간이 지나면서 진정한 선이 아니라는 것이 알려지게 되기 때문이다.

성경에 "이와 같이 좋은 나무는 좋은 열매를 맺고 나쁜 나무는 나쁜 열매를 맺기 마련이다." 이런 말씀은 절대적 진리이다. 선한 원리가 나쁜 행실을 생산할 수 없고 악한 원리가 좋은 행실을 생산해낼 리 만무하다.

사람이 살다보면 선한 사람도 실수하고 넘어지기도 하고 어떤 죄를 저지를 수 있다. 반대로 악한 사람도 가끔 동정심을 베풀고 선을 행한다. 인간은 실수와 잘못에서 완전히 벗어나기 어렵다. 하지만 시간이 지나면서 그 결과가 확연하게 드러난다. 포도나무에서 포도송이가 열리고 가시나무에서 가시가 나오는 것이 자연의 순리이다. 마음속에 선한 원리는 선을 생산하고 악한 원리는 악을 생산한다. 주님께서는 이렇게 말씀하신다. "좋은 나무가 나쁜 열매를 맺을 수 없고 나쁜 나무가 좋은 열매를 맺을 수 없다."

악을 도모하는 것과 선을 베푸는 행동은 정 반대되는 원리이다. 고로 선과 악이 같은 마음 안에서 함께 존재한다는 것은 불가능하다. 예컨대, 악한 의도 속에 선이 존재할 수 없다는 말이다. 악한 의도를 가지면 뿌리가 썩어버린 나무 같이 결국 악으로 인해 무너지고 만다.

겉으로 열매가 있어 보일지라도 내용물은 썩은 둥지이기 때문이다. 고로 악한 동기를 가지면 아무리 착한 행동을 할지라도 그것은 선이 아니고 악이 될 수밖에 없다. 의도가 악하기 때문이다. 의도는 사람들의 눈으로 보면 판가름내기 어렵지만 주님의 심판 앞에서는 뚜렷하게 구분 된다. 주님께서는 이에 덧붙여서 "좋은 열매를 맺지 못하는 나무는 모두 찍혀 불에 던져진다." 고 말씀하셨다. 이 말씀은 저 세상에서의 결과를 말씀하신 것이다. 즉, 순수하지 못하게 악한 의도를 가지고 살면 저 세상에서는 반드시 지옥에 던져진다는 뜻이다. 여기서 나무는 사람을 상징한 말씀이다.

그러므로 인간을 좌우하는 것은 의도이며, 의도는 삶의 원리를 구성한다. 결국 인간은 의도에 따라서 이 세상을 떠난 뒤에 살아가야할 그 자신이 된다. 변질된 의도를 가진 자는 그에 걸맞게 선을 적으로 간주하고 점점 악에 빠져 들어간다. 변질된 의도를 가진 자에게 주님은 이렇게 말씀하신다. "나더러 주여! 주여! 하고 부른다고 다 하늘나라에 들어가는 것은 아니다. 하늘에 계신 내 아버지의 뜻을 실천하는 사람이라야 들어간다." 이런 구절은 오늘날 교회에게 경고하는 구절이다. 입으로 시인하는 것만을 강조하고 단지 고백만으로 행위를 덮어버리면서 종교 생활을 다 한 것처럼 여기는 자들에 대한 무서운 경고이다. 이들은 삶에 대해서는 관심이 없고 입으로 떠드는 것을 두고 신앙생활이라고 믿는다. 입으로 고백했고 시인했으니 자신들은 구원이 온 것으로 주장한다. 그러면서 환영의 박수를 쳐준다. 얼마나 간편하게 하늘나라에 갈 수 있다고 여기는가? 우리는 이 부분에 대해 두려운 마음을 가져야 한다.

이세벨

성경에 이세벨에 대해서는 이렇게 언급된다. "이세벨이라는 여자는 예언자로 자처하며 내 종들을 잘못 가르쳐서 미혹하게 했고 음란한 짓을 하게 했으며 우상에게 바쳤던 제물을 먹게 하였다."

이는 이세벨이라는 여자를 용납한 두아디라 교회를 향한 주님의 책망이다. 이러한 책망으로 볼 때 두아디라 교회는 의도적으로 악을 퍼트리는 자가 있었으며 이 무리가 바로 이세벨이었다. 두아디라 교회는 이런 자들 때문에 주님의 책망을 받게 되었다. 하지만 모든 사람이 이세벨에게 넘어간 것은 아니었다. 그 중 선한 의도를 가진 교인도 있었다. 주님은 그런 자에게 말씀하시기를 "두아디라에 있는 사람들 중에서 그 여자의 가르침을 받아들이지 않는 사람들, 곧 사탄의 비밀을 배우지 않은 나머지 사람들에게 나는 이렇게 말한다. 나는 너희에게 다른 짐을 지우지 않겠다. 다만 내가 올 때까지 너희가 가지고 있는 것을 단단히 간직하고 있어라."고 말씀하셨다.

이세벨의 가르침을 따르지 않는 순수한 의도를 가진 자들에게 말하기를 가지고 있는 것을 단단히 지키라고 했는데 그것이 무엇인가? 그것은 이웃 사랑을 실천하는 믿음이다. 그 믿음은 이세벨이라는 여자가 주장하는 믿음과는 전혀 다른 믿음이다.

역사적으로 이세벨은 페니키아 왕 바알 제사장의 딸로 북 이스라엘의 제7대 왕 아합(B.C 874–853년)의 아내가 된 여자이다(왕상 16:31). 그녀는 우상 숭배자이며 잔인하고 타락한 여인으로 지목받는다(왕상 21:5–16). 그녀는 먼저 남편 아합을 맹신적인 바알 숭배자로 만들었고, 이스라엘 내에 음란하고 부패한 바알 숭배를 권장했으며, 수백 명의 바알과 아세라 선지자들을 포섭하여 조종했고, 사마리아에 바알 제단과 아세라 우상 신상을 세웠다.

이에 더하여 여호와의 선지자들을 박해하고 살해했으며 갈멜산 영적 전투에서 패배한 후 엘리야를 죽일 계략을 꾸몄다(왕상19:1–2). 그리고 남편 아합의 그릇된 욕심에 동조하여 나봇을 살해하고 그의 과수원을 탈취했으며(왕상21:1–16), 또 자신의 딸 아달랴를 다윗 왕가와 결혼시킴으로써 바알 숭배의 영향력이 남왕국 유다에 미치도록 했다(왕하8:25–27). 그리고 백성을 미혹하는 음행과 술수를 꾸몄다(왕하9:22). 이처럼 그녀의 삶은 영적 타락의 극치를 달렸다.

영적 의미에서는 이세벨은 어느 한 개인을 말하는 것이

아니라 이세벨의 의도를 의미한다. 그러니까 이세벨은 인간 마음 안에 침투하는 파괴적인 원리이다. 고로 이세벨에게 조금이라도 틈을 열어주면 미혹된 사상이 침투해 들어와 선한 의도를 외면하게 된다.

오늘 현대인 중에 이세벨에게 미혹된 자들을 살펴보면, 이들은 먼저 자신이 가장 똑똑한 체하면서 잘못된 나름대로의 교리를 주장한다. 그래서 하나님의 이름을 가지고 예언한다든지 특별 선택받았다고 주장하면서 무지한 자를 꾀어 돈을 갈취하거나 성적으로 타락시킨다.

이런 이세벨의 무리에게 독약 주사를 맞은 자들은 이세벨의 교리를 주문처럼 외면서 어리석음이 가득한 채 죄악의 구덩이에 몸을 던진다. 이들은 악한 의도의 짙은 먹구름을 뱉어내듯이 더럽고 악독한 말을 주변 사람에게 쏟아낸다. 이들은 독을 내뿜어 대는 독사와 같다. 그러나 염려하지 말라! 하나님은 주님을 사랑하는 자를 보호하신다. 그들을 따르지 않는 자들도 있음을 기억하라.

계시록에 하늘에 전쟁이 있었으며 미가엘과 그의 부하들이 용의 무리와 싸워 이겼다.

그러면 이세벨의 무리가 주장하는 교리는 무엇을 말하는가? 이세벨은 이웃 사랑을 무너뜨리는 교리이다. 즉, 행함없는 믿음의 교리이다. 이런 교리가 교회에 침투하여 이웃 사랑에 근거를 둔 믿음을 파괴한다. 이들의 믿음은 그저 단순하게 입으로만 믿습니다! 하고 말하면 즉각 구원이 이루어지며 결단코 정죄 받지 않는다는 황당한 논리이다. 이것이 이세벨의 교리이다. 이런 교리는 불순한 의도에서 나온 교리이다. 이런 교리는 스스로를 변명하기를 어차피 인간은 죄를 저지를 수밖에 없지 않느냐? 죄 안 짓는 사람이 어디 있느냐? 하나님도 다 아신다. 인간은 본래 그런 존재이다. 그러니까 믿기만 해라! 그러면 주님이 모두 다 알아서 죄 용서하신다! 하면서 인간의 죄를 두둔하여 인간으로 하여금 죄를 유지하도록 만들며 변명하도록 유도한다. 행함 없는 죽은 믿음으로 유도한다. 의도가 순수하지 못한 자들이 이런 교리를 좋아하고 따른다. 이세벨의 원리는 교회의 신성을 모두 파괴시켜 버린다.

이것과 관련된 내용에는 나봇의 포도원을 빼앗은 대목

이다(왕상21장). 예언자 엘리야까지 죽이려고 발버둥치는 대목에서 그 의미는 더욱 부각된다(왕상19장). 이세벨의 탐욕의 결과는 참혹한 죽음이다.

 본래 예언자는 진리에 관한 교리를 의미한다. 그런데 세속적인 여자 이세벨을 두고 예언자라 불리는 이유는 무엇일까? 그것은 탐욕을 하나님의 축복으로 오도하기 때문이다. 이세벨은 이런 식으로 주님의 종을 미혹하여 거짓을 진리라고 믿게 하여 악으로 끌고 간다. 이세벨은 거짓을 은밀하게 마음에 심고 악을 스스럼없이 행하도록 가르친다.

 성경은 이런 꾐에 빠지는 것을 두고 음란한 행위와 우상에게 바쳤던 제물을 먹는 것으로 비유한다. 이와 같은 일로 책망 받은 교회가 두아디라 교회와 버가모 교회이다.

 버가모 교회는 발람의 가르침으로 잘못되었고, 두아디라 교회는 이세벨의 가르침으로 그렇게 되었다. 발람의 가르침은 이해의 문제이고 이세벨은 의도의 문제이다. 발람은 우상으로 유도하여 음란으로 끌고 갔고 이세벨은 음란으로 유도한 뒤 우상으로 끌고 갔다. 결과는 똑같지

149

만 하나는 생각을 통해 뜨거운 열정이 타올랐고 또 하나
는 열정으로 생각이 부패하게 되었다.

 결국 생각과 열정은 하나이다. 생각에서 진리가 나오고
열정에서 사랑이 싹튼다. 그러나 생각에서 거짓이 나올
수 있고 열정에서 미움이 싹트기도 한다. 예컨대, 성경
전체의 일관적이고 공통된 흐름은 계명을 지켜 악을 금
하고 선을 행하는 것이다. 그럼에도 불구하고 어떤 이들
은 진리를 실천하는 것과 구원은 전혀 관계가 없다고 주
장한다. 이들은 진리를 실천하는 것은 구원받았으니 감
사함의 동기로 실천하는 것뿐이라고 말을 한다.

 이 말은 행함은 해도 되고 안해도 되는 구원에 대한 보
답 차원이라는 말이다. 그들 말대로 그러하다면 실천하
지 않는 자가 어떻게 믿는 자라고 말할 수 있느냐 하는
의문이 생긴다. 진리를 실천할 의도가 없고 제 멋대로 살
고 싶은데 어떻게 믿는다고 말할 수 있느냐 하는 것이다.
내가 어떤 이에게 이런 말을 하자 그는 내게 '행위 구원'
이라고 말하면서 큰소리를 쳤다.

 교회 직분을 가지고 자아 만족과 세상 쾌락을 찾고 돈

에 대해서는 구두쇠 노릇하면서 성경을 가르치는 자가 있었다. 그의 의도는 오로지 세상의 재물뿐이었다.

나는 그의 입에서 천국 소망에 관한 이야기를 들어보지 못했다. 주님앞에 섰을 때 과연 무엇이 그의 믿음을 증명할 수 있을 것인가? 주님의 심판 앞에서 벌거벗은 자처럼 드러날 때 그의 의도가 드러나지 않겠는가?

주님의 심판 앞에서 어떻게 죄를 합리화하여 가릴 수 있겠는가? 의도를 보시는 주님의 눈을 피할 수 있는가?

혹자는 자신은 교회에 충실하게 다니고 있으며 설교에 아멘이라고 동의했기 때문에 의노만큼은 순수하다고 주장할 수는 있지만 교회 문을 나서는 순간 세상 욕망으로 바뀌는 것은 그의 불순한 의도가 그를 지옥적인 상태로 끌고 갔기 때문이다.

과연 오늘날 영적 이세벨은 무엇이라고 생각하는가?

종교의 교리를 자신의 욕망에 맞추는 자들이 이세벨이다. 아무런 죄책감 없이 죄를 지으면서도 말하기를 자신은 하나님께 선택받은 자이고 하나님이 쓰시는 귀한 존재라고 말하면서 탐욕의 제물을 먹는다.

이세벨은 그녀의 제자들을 영적인 간음을 하도록 부추기어 우상에게 바친 제물을 먹게 하였다. 결국 하나님을 섬기는 대신 자아를 섬기는 자아 숭배자가 되고 하나님께 제물을 바치는 대신 자신의 욕망에 제물을 바치도록 만들었다. 주님께서는 주님의 백성들이 이세벨의 영향력에 맞서도록 해주기 위해서 꾸준하게 가르치셨다. 주님은 여 예언자에 대해서 이렇게 말씀하신다.

"나는 그 여자에게 뉘우칠 시간을 주었지만 그 여자는 자기의 음행을 뉘우치려고 하지 않는다."

이 구절을 살펴보면 두 가지 의미가 있다. 하나는 주님께서는 이세벨까지도 구원되기를 바라신다는 것이고 다른 하나는 이 세상에서는 회개의 문이 닫히지 않는다는 것이다. 하지만 악한 귀신의 덫에 걸려 있는 자들은 자신의 삶을 돌아보지도 않으며 회개하지도 않는다.

조용한 시간에 무릎 꿇고 가슴을 치고 통곡하면서 자신의 지난 삶을 가슴 아퍼하지 않는다. 오히려 남을 판단하고 정죄하기를 즐긴다. 이런 자들은 이미 깊은 늪에 빠져 있는 자들이다.

이들에게 진리는 말 장난에 불과하다. 이들에게 진리는 자기의 유식함을 드러내는 수단일 뿐이다. 이렇게 될 수밖에 없는 이유는 진리를 사랑하지 않기 때문이다. 이들은 진리를 왜곡하고는 동조할 공범자를 찾아다닌다. 진리가 없으니 희망도 없다.

그러나 주님은 이런 자들에게도 회개할 기회의 문을 열어놓으셨다. 중요한 것은 회개는 선택이라는 점이다.

자유의지에 의한 선택이다. 회개를 선택하려면 순수한 의도가 있어야 한다. 순수한 의도가 없는데 회개를 선택할 리는 만무하다. 자신의 삶을 심사숙고하는 데서 회개가 올라오기 때문이다. 자신에 대해 심사숙고하지 않고 순수한 의도가 없다면 회개는 불가능하다.

그러므로 가끔 사려깊은 생각이 올라오면 다음과 같은 주님의 말씀을 묵상해야 한다.

"이제 나는 그 여자를 고통의 침상에 던지겠다. 그리고 그 여자와 간음하는 자들도 뉘우치지 않고 그와 같은 음란한 행위를 계속한다면 큰 환난 속에 던져 버리겠다. 그리고 그 여자의 자녀들을 죽여 버리겠다. 그러면 모든 교회는 내가 사람의 생각과 마음을 꿰뚫어 보고 있다는 것을 알게 될 것이다. 나는 너희가 각각 행한 대로 갚아주겠다."

이 구절은 이세벨이나 그와 연합된 자들에게 주시는 경고의 말씀이다. 또한 이세벨에게 미혹된 자에 대해 기회를 주시는 주님의 말씀이다. 뉘우치지 않으면 더 큰 환란 속에 던져 버리겠다고 말씀했다. 이런 환난은 시험의 환난이 아니라 쉼이 없는 번민, 회개하지 않는 이들을 위협하는 환난이다.

이세벨의 지은 죄에 대한 처벌은 고통의 침상에 던지는 것이다. 침대는 휴식을 취하는데 사용된다. 피곤한 육체가 그 위에서 휴식한다. 인간의 마음이 쉴 수 있는 곳이 침상이다. 영적인 의미로 침상은 자신의 교리를 의미한다. 교리는 진리가 소화되고 정렬될 때 형성된다.

예컨대, 주님께서 중풍병자를 고쳐 주시고는 이렇게 말씀하셨다. "일어나 네 침상을 들고 걸어가라" 이는 신성의 진리로 나아가라는 말씀이다. 그러나 이세벨에게 하신 말씀, 침상에 던진다는 것은 이런 구절과는 정반대되는 말씀이다. 즉, 감각적 욕망에 의한 정신적인 타락의 상태이다. 또 자기 만족을 위해 짜 맞춘 교리에 전락된 상태이다. 이런 상태를 두고 던져진다는 말로 표현했다. 자기 스스로 감각적이고 거짓된 침상으로 뛰어든 것이다. 이런 식으로 타락한 인간은 침상이 지옥으로 던져질 때까지 더 깊이 가라앉는다.

이제 교회는 생각과 마음을 꿰뚫고 계시는 주님을 인식해야 한다. 주님은 인간의 모든 지성과 의지를 아신다. 이 말은 우리도 자신의 상태를 보고 알게 된다는 것까지 포함한다. 그러나 나 자신을 아무리 성찰한다고 해도 그분께서 나를 아시듯 알 수는 없다. 하지만 주님께서 나를 완전하게 알고 계시다는 사실이 얼마나 희망적인가?

우리는 진정으로 주님이 나를 아시기에 믿고 의지할 수가 있다. 주님이 나의 상태를 완전하게 알고 계시지 않으면 나는 나 자신의 마음 상태를 결단코 알 수 없다. 이는 모든 교회에 해당되는 진리이다. 인간의 마음은 언제나 열린 상태이므로 자신 속에 가시덤불이 들어오지 않도록 쉴 새 없이 검증해야 하는 것이 중요하다. 이렇게 할 때만이 이세벨의 유혹을 완벽하게 깨뜨릴 수 있다.

주님께서는 유혹을 이겨낸 자들에게 이렇게 말씀하신다. "두아디라에 있는 사람들 중에서 그 여자의 가르침을 받아들이지 않은 사람들, 곧 사탄의 비밀을 배우지 않은 나머지 사람들에게 나는 이렇게 말한다. 나는 너희에게 다른 짐을 지우지 않겠으니 다만 내가 올 때까지 너희가 가지고 있는 것을 단단히 간직하고 있어라."

여기서 사탄의 비밀은 말씀을 자신의 욕심에 맞게 이용하는 것을 의미한다. 예컨대, 하나님의 축복된 말씀을 자신에게 적용시켜 자신이 그렇게 위대하게 된다고 말하고, 책망의 구절은 타인에게 빗대어 저주받는다고 말한다. 그러면서 덧붙여 말하기를 하나님이 이 말씀을 자신에게 특별한 계시로 주셨다고 주장한다.

그러나 사탄의 비밀을 배우지 않는 자가 있다고 하였다. 즉, 거짓 교리의 미묘함에 빠져들지 않은 자가 있다.

오직 실천하는 믿음 안에 거하고 그에 부응하는 삶을 살아가는 자이다. 거짓 예언자 이세벨의 가르침에 넘어가지 않는다는 말씀이다. 이들에게 가진 것을 단단히 붙잡

고 있으라는 주님의 충고는 이웃 사랑을 소중히 여기는
자에게 주어지는 권고이다. 사실 우리가 천국에 안전하
게 도달하기 까지 사탄의 유혹은 계속된다. 물론 천국으
로 가까이 나아갈수록 조금씩 악의 세력은 약화되지만
완전 정복은 존재하지 않는다.

 그러므로 세상에서 진리를 가지고 살아가고자 하는 자
는 악마가 시험하고 넘어뜨리려고 온갖 계교를 쓰더라
도 순수 진리를 단단하게 붙잡으라는 주님의 말씀을 기
억해야 한다.

 어쨌든 인간은 세상 사는 동안에 이세벨의 유혹을 만난
다. 마음속에 찾아오는 거짓된 교리의 유혹이다. 이런 간
계에 대처하는 유일한 방법은 끊임없이 자신을 성찰하는
것이다. 진리의 삶만이 영혼의 안전 장치이다.

 그러므로 조금이라도 순수를 잃어버리게 되면 당연히
이행해야 할 진리 실천을 게을리하게 되고 거짓의 유혹
에 빠져들어 죄를 짓게됨을 기억하자.

HOW
CAN
I
HAVE
PURITY
OF
INTENTION?

7장

순수 의도 파괴 요인_ 공로주의와 독선

모든 종교는 삶과 관계를 가지고 있고 모든 종교의 생명은
선을 행하는 것이다. 그분의 계명을 행하는 사람은
생명 나무를 차지할 권리를 가지게 된다
계명은 생명의 법칙이다

의도의 파괴 요인

인간은 자신도 모르는 사이에 의도의 불순에 물들 수 있다. 시간이 지나면서 초기에 가졌던 순수 의도는 사라지고 매너리즘에 빠질 수도 있다. 그러면서 불순한 의도로 변질되어 간다. 불순은 의도가 더러워진 상태를 말한다. 이런 불순은 순수를 파괴하는 주범이다. 불순은 세상적인 욕심에 의해 자신도 모르게 들어오기도 하고 불순자들로부터 배우기도 한다. 의도의 불순이 오게 되면 의심이 발생하게 된다. 선한 의도를 파괴하는 것 중에는 공로주의(Merit)와 독선(Self-Righteousness)이 있다. 이런 것은 부패한 인간 본성에서 나온다. 부패한 인간 본성에는 불순한 애정, 불순한 생각, 불순한 행동이 있다.

순수 의도를 위해서는 본성속에서 불순 원리를 작동시키는 요소를 확실하게 제거해야 한다. 쓰레기가 있는 곳에 쥐가 산다. 쥐를 없애기 위해서는 먼저 더러운 오물을 치워야 한다. 주님께서는 그 예로 제자들의 더러운 발을 씻으셨다. 그는 허리에 두르셨던 수건으로 제자들의 발을 닦으셨다. 물은 진리를 의미하고 물을 닦아내는 수건은 주님의 선한 행동이다. 고로 주님의 세족은 진리와 선이 연합되는 행동을 의미한다. 그 결과 제자들의 발은 완전하게 깨끗해진다. 진리는 깨끗함을 개시하는 수단이고 선은 깨끗함을 완성하는 수단이다. 그러면 순수 의도를 파괴하는 주범을 알아보자.

욕심

순수를 파괴하는 것 중에 대표적인 것은 욕심이다. 주님께서 욕심에 대해 말씀하실 때 돼지를 비유로 말씀하셨다. 돼지의 행동은 매우 조잡스럽지만 사람들과 친숙한 동물이다. 성경에는 진주를 돼지 앞에 던지지 말라고 했다(마7:6). 진주는 고난 속에서 얻게 되는 진리의 지식을 의미한다. 사람에게 욕심이 가득차면 진리의 지식을 소중하게 여기지 않는다. 바로 이 점이 하늘의 진리를 불결하게 만드는 요인이다. 성경에는 하나님과 재물을 겸하여 섬길 수 없다고 하였다. 하나님을 섬기려면 재물은 버려야 한다. 그러나 욕심은 둘 다 소유하고자 한다. 욕심이 있는 자는 교회에 나가서 설교 듣는 것도 좋아하고 세상 쾌락도 좋아한다. 이들은 진정으로 진리대로 살려는 의향이 없다. 교회에 나가서 사람들과 교제하고 존경받는 것은 좋아하지만 진리는 원치 않는다.

한마디로 영적인 것이든 세상적인 것이 되었든지 간에 배부르고 즐기고자 하는 목적뿐이다. 세상에서 즐기면서 편하게 지내는 것을 최고 관심사로 여길뿐이다.

이들은 거룩한 것과 세상적인 것을 구분하지 않는다. 무엇이 더 좋은지 더 나쁜지 구별이 없다. 그래서 주님께서 진주를 돼지에게 주지 말라고 말씀하신 것이다. 이런 자들의 특징 중에는 가난한 자들이 굶어 죽어 가는 것을 보면서도 말하기를 주님께서 자신들에게 얼마나 많은 축복을 해주셨는가 라고 말하면서 자랑한다. 이들은 돈을 사랑하며 거룩한 것을 가지고 오락거리로 만든다. 이들이 헌금을 하는 이유는 주님께서 몇 배로 갚아주신다고 믿기 때문이다.

돼지는 새김질을 못하는 짐승이다. 새김질은 자기 반성을 의미하는데, 새김질을 못한다는 말은 자기반성이 없다는 뜻이다. 그러기 때문에 순수를 회복하지 못한다.

성경에 보면 탕자가 돼지농장에서 일했다는 일화가 있다. 탕자는 아버지의 유산을 허랑방탕하게 허비하면서 창기와 함께 놀고 즐겼다. 하나님께서 인간에게 주신 신성한 지식을 욕심을 위해 팔아먹는 것을 허랑 방탕이라고 말한다. 예컨대, 욕심과 양심 두 사이에서 방황할 때 욕심을 위해 양심을 희생시키는 것이다. 허랑 방탕은 인간을 재난에 빠뜨린다. 인간은 욕심으로 인해 지옥의 사슬에 얽매인 노예로 전락되고 만다.

허랑방탕은 양심과 같은 깨달음을 소중하게 여기지 않고 무시할 때 생긴다. 탕자는 어딘가로 떠나려고 했다. 그는 먼 나라 즉, 진리가 없는 곳에 가서 감각적 쾌락을 누리고자 하였다. 그래서 양심을 무시하기 시작하였다.

164

쾌락을 위해서는 먼저 마음의 양심을 몰아내야만 한다.
그래서 양심이 모두 사라지게 되면 감각적 욕망과 쾌락
속에 완전하게 몰입할 수 있다.

결국 그에게 흉년이 찾아 왔다. 흉년은 양심이 모두 사
라진 삭막한 상태이다. 주님으로부터 분리되어 생명력
의 고갈이 왔다. 진리를 감각적으로 소비해버린 결과, 기
대했던 쾌락도 더 이상 남지 않게 되었다. 이처럼 감각적
인 삶을 살다보면 영적 흉년이 있게 마련이다.

성경에는 "사람이 빵으로만 사는 것이 아니라 하나님
의 입에서 나오는 모든 말씀으로 살리라"고 하였다.

그리하여 탕자는 한 없이 깊은 수렁으로 추락할 수 밖
에 없게 되었다. 결국 탕자는 돼지 농장 주인에게 붙어사
는 더부살이를 하게 되었다. 돼지처럼 천하고 불순한 원
리에 맞추어 살게 된 것이다. 다시 말해서 감각에 몰입된
이기적인 열정에 빠지고 말았다. 인간이 무절제해서 더
러운 육적 욕망에 빠지게 된다.

주님을 섬겨야할 인간에게 욕심이 들어와서 쾌락으로
인해 영적으로 배고픈 상태가 되고 말았다.

그러면 오늘날 탕자는 누구인가? 초기에는 인격이 깨끗하고 순수하지만 세속에 젖어서 자기 만족을 추구하고 영웅심에 도취되어 생활 규범을 이탈하여 돌이킬 수 없는 지경에 당도한 자들이다.

돼지는 굽이 갈라지지만 새김질을 못하므로 부정하다(레11:7-8)고 했는데, 이는 의도의 순수성이 파괴된 상태를 두고 하는 말이다. 굽이 갈라진 것은 구별된 삶이고 영적인 것을 좋아한다는 것을 말한다. 또한 새김질은 반성하는 마음을 의미한다. 새김질은 먹은 음식을 토해 올리는 작용이다. 기억을 끄집어내서 살펴보는 것이다. 다시 말해서 진리를 가지고 곰곰이 되새겨 보는 것을 말한다. 순수가 파괴되는 이유 중의 하나는 반추 작용이 없기 때문이다.

자기반성이 필요한 이유는 잘못된 것을 바로잡아야 하기 때문이다. 예를 들어 음식을 잔뜩 사두고는 먹지 못하고 버리는 것이나 경건하게 살고 싶은 마음이 없으면서 목사가 되려는 것이나 주님께 헌신하고 싶은 마음이 없으면서 교회 직책을 맡고자 하거나 국가와 사회에 봉사

할 마음이 없으면서 정치 지도자가 되고자 하거나, 인격적 지식이 없으면서 선생이 되어 남 앞에서 가르치려고 하는 자들은 모두 의도가 파괴된 자들의 변질된 모습이다. 반성하는 마음의 기능이 없다면 아무리 좋은 것을 가져도 바로잡을 수 없다. 그러므로 반성을 통해서 절제를 배워야 한다. 욕심을 버리기 위해서는 절제의 미덕을 세워야 한다. 욕심과 절제는 정반대 덕목이다. 반성과 절제 없이 재물과 명예와 권력과 쾌락을 쌓아두기만 하다가 마침내 영적 흉년을 맞이한다. 사람이 반성할 줄 모르면 진정한 사람이라고 할 수 없다. 잘못임을 알면서도 깨닫고자 하지 않는다면 욕심 많은 돼지에 불과하다. 의도 파괴 요인은 반성이 없는 욕심이다.

이기심

 오늘날 저명한 종교인들의 처세에 대해 사회적인 지탄을 받는 경우가 있다. 종교인들이 성문제와 돈문제로 뉴스에 보도되고 타인의 비난과 원성을 사기도 한다. 성경에는 의도가 잘못된 종교 지도자를 거짓 선지자라고 말하였으며 이들을 두고 양의 탈을 쓰고 노략질하는 늑대라고 말했다(마7:15-16). 왜 늑대라고 하였는가 하면, 늑대는 조직적으로 활동하고 갑작스럽게 습격하여 가축을 잡아먹기 때문이다. 늑대의 특징은 대장이 있고 사냥할 때는 모이지만 사냥이 끝나고 나면 곧 흩어진다. 늑대는 정면으로 공격하여 먹이를 취하기보다는 몰래 숨어 있다가 갑작스럽게 습격하여 가축을 노리기 때문에 위장 전문가라고 말한다. 그래서 거짓 선지자를 두고 속에는 늑대이지만 양의 탈을 쓰고 접근한다고 말한 것이다. 늑대는 잔인한 폭력성이 있으며 권력과 성공 지향적이다. 권력을 가지고 잔인하게 지배하여 잡아먹으면 성공이다.

가끔 진리를 말하지만 그것은 타인을 지배하기 위한 수단일 뿐이다. 종교인들이 신의 이름으로 잔인하게 영혼을 늑탈한다면 이는 늑대같이 의도가 불량한 자들이다.

성경에서 말하는 늑대는 남을 지배하는 원리를 말한다. 거짓된 종교인은 목사나 장로의 직책을 가지고 남을 가르치는 자로 군림한다. 이들은 처음에는 좋은 말을 하면서 접근하지만 어리석고 미련한 자가 걸려들면 그들의 선한 면을 제거한다. 그리고 그들로 하여금 이기심을 갖도록 부추긴다. 이러한 술수에 걸려들면 초기에는 그가 종교적으로 성실했었더라도 시간이 지날수록 이기심이 폭발하여 그나마 마음에 남아 있던 양심마저 모두 잃게 된다.

이런 식으로 위선을 가장하여 서서히 접근하여 잔인하게 늑탈한다. 그리하여 가난하고 보호받지 못하는 자들에게 접근하여 이기심을 불어넣고는 그들의 재산을 먹어치우고 자기 안위만을 챙긴다. 마치 사기꾼이 사기를 치기 위해 허황된 이기심을 이용하는 것과 같다.

주님은 이들을 삯군이라고 불렀다. 화려하고 아름다운 옷을 입고 부드러운 목소리로 말하면서 미련하고 어리석은 자를 꾀여내고 영적, 정신적, 육체적인 모든 것을 갈취하고 털어 버린다. 이런 자들은 몰염치하고 전혀 반성할 줄 모르는 타락한 자이며 너무나 역겨운 자이다.

훈련이 덜 된 개들은 적당하게 탐욕에 끌리고 막대기로 몰아내면 도망가지만 늑대는 이기심을 가지고 들어와 모든 영역을 파괴할 뿐 아니라 몰아내면 오히려 달려든다.

이런 자들을 보기란 지옥의 구더기를 보는 것같이 더럽고 역겹기만 하다.

의심

의도의 순수성을 파괴하는 것 중의 하나는 의심이다. 순수 의도가 파괴된 부부는 그간 의심이 증폭되어 관계를 파괴시켜 왔다.

의심이 들어오면 모든 것을 무너뜨린다. 성경에서 의심하는 상태를 두고 뱀이라고 부른다. 뱀은 용의주도하고 빈틈없으며 간교하고 추리하는데 재간이 있고 약삭빠른 짐승이다. 그래서 뱀을 두고 여호와 하나님이 지으신 들짐승 중에 가장 간교하다고 하였다(창3:1). 에덴동산에 등장하는 옛 뱀은 하와를 자극하여 하나님의 말씀을 의심하여 선악과를 먹도록 유혹했다. 하와는 선악과를 보고는 보암직도 하고 먹음직도 하고 보기에 탐스럽다고 하였다. 선악과를 따 먹었다는 의미는 자아애의 지식으로 거룩한 진리를 판단했다는 뜻이다. 결국 하와는 뱀이 상징하는 감각적 유혹에 넘어갔다. 이로써 인간은 감각의 지배를 받게 되었다. 뱀은 우리 마음속에 있는 감각적 수준을 의미한다.

그래서 인간은 감각적 쾌락을 제일의 원리로 신봉하게 된다. 주님의 말씀을 제일로 알고 순종하기 보다는 감각을 믿고 따르며 감각적 만족을 추구한다. 다른 말로 하면 이성이나 양심으로 진리의 세계에 나아가기 보다는 욕구 충족에 집착한다. 그래서 패망의 길에 들어선다.

감각은 인간 위에 군림하면서 하나님인양 득세를 하는데 인간은 욕망과 욕구를 중시하면서 진리를 부정하는데 이른다. 감각적인 사람들을 보면 감각이 판단의 기준이 되어 순수를 파괴하고 만족을 최고의 가치 기준으로 삼고 폭력과 분열의 상태를 유지한다.

예컨대, 쾌락과 관능에 젖어 사는 자, 마약, 알코올 중독, 도박, 폭력, 섹스에 미쳐 있는 자, 동성 연애하는 자들은 감각적 만족의 권리를 내세운다. 오늘날 동성연애자들이 길거리에 활보하면서 시위를 하고 자신의 권리를 주장한다. 우리는 이들을 인간적으로 동정하기 보다는 이들의 결국 즉, 하나님이 뱀을 저주하신 것을 알아야 한다. 감각에 기초한 판단은 이미 저주받은 상태임을 깨달아야 한다. 감각이 이성과 양심에서 벗어나 독단적으로 행동하면 인간은 반드시 타락하게 됨을 알아야 한다.

그러므로 자신의 생각과 분별력을 살펴보라. 무엇에 기초하여 판단하였는지를 살펴보라. 감각은 스스로 강조한다. "너는 네가 하고 싶은 대로 살아라! 어차피 한번밖에 주어지지 않은 인생, 다시 오지 않는 인생! 너하고 싶은 대로 하면서 살라!"고 하면서 유혹한다.

에덴동산에서 뱀이 하와에게 유혹했던 말은 마음속에 들려오는 간사한 유혹의 소리이다. 사탄은 이렇게 해서 모든 질서를 깨뜨린다. 그러므로 감각적 판단력을 따르면 순수 의도가 파괴되고 만다.

본래 태고적 사람은 순수함으로 인해 진리에 대한 의심이 없었다. 하나님의 말씀에 순종하는 것을 당연시하였고 그런 의지를 가졌다. 사람들은 하나님을 아는 지각과 순종이 탁월했다. 그들은 진리의 지각력이 탁월해서 진리를 몸에 익혀서 살았다. 그들은 지각과 양심과 이성의 가치를 높이며 살았다. 그러나 감각적 판단이 들어오자

하나님이 만들어놓은 내면세계의 우선순위 질서가 무너

지기 시작하였다. 감각이 최고 높은 자리에 앉게 되었다.

그러면 의심은 왜 생기는 것인가?

의심은 하나님을 시험하는 것이며 주님의 능력에 도전

하는 것이다(마4:7). 매사에 아내의 선의를 의심하는 남편

은 이미 마음속에 의도의 불순이 시작되었다. 의심은 순

수 사랑을 부정한다.

에덴동산의 하와가 주님의 말씀을 의심했던 데서부터

죄의 유혹이 시작되었다. 의심이 무서운 것은 그 자체가

또 다른 거짓을 생산하기 때문이다. 그래서 의심하는 자

들은 의심이 완벽한 진리인양 주장하면서 상대방을 정죄

하기에 이른다. 의심이 진리로 둔갑한 것이다. 결국 의

심이 증폭되면 모든 신성한 영역을 인정하지 않는다. 그

래서 의심은 하나님을 도전하는 무기가 된다. 우리의 희

망은 완전한 사랑이 두려움을 몰아내듯이 믿음으로 의심

을 내던져야 한다.

주님의 제자들도 주님을 의심했던 적이 있었다. 제자들

이 주님과 함께 갈릴리 바다에서 배를 타고 있었는데 그

때 바다에 거센 풍랑이 일어났다. 제자들은 두려워하면서 주무시는 주님을 깨웠는데, 주님께서는 제자에게 왜 의심하느냐? 고 책망하셨다(눅8:22-25).

풍랑은 정신적이고 영적인 환란을 의미한다. 마음속에서 일렁이는 거센 풍랑은 어둠의 나라에서 온 의심의 회오리이다. 예수께서 주무시고 계심은 시험 중이라도 내적 평화가 있는 마음 상태를 의미한다. 하지만 제자들은 광풍이 몰아쳐서 마음이 심히 다급했다. 광풍이 호수 위에 내리쳐서 배에 물이 들어왔다. 이는 시험으로 인하여 거짓이 침투해 들어왔음을 의미한다. 제자들은 주님께서 시험의 불을 끄실 수 있는 분으로 여겨 다급하게 구조를 요청했다.

제자들은 "주님, 살려주십시오. 우리가 죽게 되었습니다." 하고 외쳤다. 자신들이 죽을 수밖에 없는 처지임을 느껴 구세주께 도움을 요청하였다. 시험은 구세주가 아니고서는 제지하기 불가능함을 알기 때문이다.

제자들은 깊은 고독과 외로움을 느꼈다. 고독과 외로움에 빠지면 절실한 사랑이 필요하다. 제자들의 외침은 믿음의 부족과 의심의 상태이다. 시험에 대한 두려움은 믿음의 부족에 근거를 두고 있다. 시험받을 때 두려움이 있다면 자신에게 믿음이 얼마나 약하고 허술한 지를 알게 된다. 두려움은 믿음이 빛을 잃어 어둡게 된 결과이다.

두려움은 주님의 섭리를 믿지 못하는 의심의 생산물이다. 그래서 주님은 "왜 그렇게 두려워하느냐?" 하고 말씀하셨던 것이다. 이 질문은 지금도 우리에게 동일하게 묻는 질문이다. 그리고 예수께서 일어나셔서 바람과 바다를 꾸짖으셨다. 그 결과 바다는 아주 고요해졌다. 주님은 사납게 날뛰는 시험을 평화롭게 하셨다. 마음의 악이 잠잠해졌다. 주님께서 일어나셨기 때문이다.

이와 비슷한 일이 또 있었다. 베드로가 물위에 걸어오시는 주님을 바라보고 물위를 걸어가다가 거센 바람을 보고 물속에 빠진 일이 있다(마14:29-30). 베드로가 배에서 내려 사나운 바다 위에 발바닥이 닿는 순간 그의 마음은 콩알같이 작아져서 그만 의심이 생겨 물에 빠지고 말았다.

우리가 세상을 살다보면 이런 시험에 직면하게 된다. 주님은 세상에는 환난이 있으나 두려워 말라고 말씀하셨다. 지식적인 믿음은 몇 걸음은 걸을 수 있지만 거센 바람이 불면 견딜 수 없어서 결국 넘어지고 만다. 베드로는 자신이 물에 빠지자 주님께 살려달라고 외쳤다. 그때 주님은 손을 내밀어 그를 붙잡아 주셨다. 그리고 "왜 의심을 품었느냐? 그렇게도 믿음이 약하냐" 고 책망하셨다.

주님께서 물위를 걸어오라고 허락하셨는데도 물속에 빠진 것은 베드로의 마음속에 순수한 믿음보다는 의심이 있었기 때문이다. 그때 주님께서는 베드로의 손을 붙잡아 주셨다. 그리고 베드로가 주님과 함께 배에 오르자 바람이 그쳤다. 이 말은 우리가 주님의 진리 안에 들어갈 때 의심이라는 반대 세력은 꺾이게 되는 것을 상징한다.

자만

순수 파괴 중의 하나는 자만이다. 자만은 타인을 무시하고 자신이 가장 옳다고 여기는 것을 말한다. 예수 당시, 자만의 대표 주자는 바리새인이었다. 바리새인은 종교적 행사나 예식에 아주 엄격했다. 그래서 그들은 다른 사람들보다 자기들이 종교적으로 정의롭다고 믿었다.

주님께서는 바리새인을 두고 위선자라고 말씀하셨다(마 23장). 주님은 자만한 바리새인의 기도에 대해 비유로 말씀하셨다. 바리새인과 세리가 기도하러 성전에 올라갔다. 성전에 올라가서 기도한 것은 마음을 주님께 아뢰는 것을 의미한다. 바리새인은 하나님께 감사하는 체 하였지만 타인을 무시하면서 말하기를, 그에 비해 자신은 선하게 행동했노라고 기도했다. 바리새인은 자만을 안고 스스로 깨끗한 척하였다. 주님은 바리새인의 기도보다 세리의 기도를 들으셨다고 말씀하셨다.

진정으로 순수하고 선한 자는 타인이 가지지 못한 능력을 가지고 있더라도 결코 자만하지 않고 다른 사람을 도와주고자 노력한다. 그러나 순수하지 못한 자는 자기가 똑똑하다고 여기면 타인을 무시하고 자기를 높인다.

주님은 바리새인의 자만을 보시고 정의와 자비와 신의 같은 중요한 율법은 버렸다고 꾸짖으셨다. 우선 바리새인은 자기 죄를 인정하지 않았다. 그리고 주님의 도움을 필요로 하지도 않았다. 한마디로 그들은 자기만족에 도취되어 있었다. 교활한 인간은 자만에 빠져 타인의 의도를 언제나 의심한다. 심지어 바리새인은 주님의 동기까지 의심했다. 주님께서 죄인들과 어울렸기 때문이다.

심리학에서는 타인의 선한 의도를 의심하는 병을 편집증이라고 정의한다. 상대방의 의도를 의심하면 모든 말과 행위를 부정할 수밖에 없다. 이렇게 상대방을 순수한 의도로 대하지 못하는 이유는 의도의 순수함이 파괴되었기 때문이다.

주님께서 제자들에게 어린아이같이 되라고 말씀하셨다. 어린아이는 순진무구를 상징한다. 순진무구한 자들은 자신이 악하다는 사실과 주님만이 선하다는 사실을 언제나 인식한다. 이런 자들은 바리새인처럼 자만하지 않는다. 주님이 원하시는 것은 순수한 의도이다.

바리새인이 세리를 무시하지 말아야 하는 이유는 상대방이 그렇게 행동해야만 하는 사정과 의도를 모르기 때문이다. 아무리 죄인이라 할지라도 그의 의도를 제대로 알 수 없고 또 그런 인간조차도 새로워질 수 있는 가능성이 있기 때문이다.

그런 거듭남의 목적으로 죄인을 보아야만 한다. 그런 목적으로 사람을 본다면 순수의 눈으로 사람을 보는 것이다. 이런 눈으로 보지 않는다면 자만이다.

이렇게 생각하는 이가 있었다. 그는 자신이 죽으면 천국에서 많은 상을 받을 것이라고 여겼다. 자신은 신학 공부를 해서 하나님을 잘 알고 있고 성경구절을 많이 외우며 자기가 설교하면 사람들이 아멘하고 응답을 해주었으며 주님께서 자기에게 물질의 복을 많이 주셨기 때문에 주님께서 자신을 특별히 사랑하신다고 여겼다. 또한 자기만큼 믿음이 많은 자도 드물 것이라고 믿었다.

나는 여기까지 이야기를 들어도 이런 자는 천국의 낮은 자리에도 앉지 못할 것이라고 생각했다. 왜냐하면 그는 이미 자만했기 때문이다. 자신이 특별하다고 생각하는 자는 타인의 악은 미워하지만 자신의 악은 절대로 발견하지 못한다. 오히려 자기에게는 악이 없을 거라고 착각한다.

나는 타인의 잘못된 점을 비판하는 누군가의 말을 들어보았다. 그런데 자세하게 알고 보면 모두 자신의 행위를 향해 스스로 욕하는 내용이었다. 모두 자기를 향해 비난하는 꼴이었다. 알고 보면 모두 자기 이야기를 하였던 것이다.

주님께서 빌라도에게 말씀하셨던 것처럼 자기가 스스로 무슨 말을 하는 지조차 몰랐다. 그리고는 분노를 동원하여 온갖 욕설을 퍼부어댔다. 그는 오히려 분노를 발산하기 위해 이말 저말을 끌어다가 말을 꾸미고 있었다.

상대방에게 모든 자신의 악을 씌우고는 분노로써 상대방을 제압하고자 애썼다. 이는 그 자체가 자신의 흠과 나약한 면을 감추고자 하는 시도였다. 나는 속으로 악한 귀신에 씌웠구나! 생각하였다. 저런 말과 흉계를 꾸미는 모습을 보면서 참으로 불쌍하고 한심하다고 생각했다. 이 땅에서 귀신과 연합하여 행동하면서 과연 천국에 이를 수 있는가?

반면에 자신의 행위를 부끄러워한 자가 있었다. 그는 세리이다. 세리는 자신은 성전에 가까이 다가설 존재가 못된다고 여기고는 멀리서 감히 하늘을 쳐다보지 못했다. 그는 자기 인격이 비천하다고 느끼고 주님의 명령에 불

성실했음을 인정했다. 그리고 세리는 자기 가슴을 쳤다. 가슴을 치는 행동은 악의 근원이 자기 마음속이라는 것을 의미한다. 세리는 어떤 변명도 늘어놓지 않았다. 그는 감히 하늘을 우러러 보지도 못하고 "하나님! 죄 많은 저에게 자비를 베풀어 주십시오." 라고 슬픔에 젖어 기도했다. 주님은 세리의 이런 모습을 보시고는 진정으로 올바른 사람으로 인정받고 집으로 돌아간 사람은 바로 세리였다고 말씀하셨다.

집은 크게 말하면 천국이며 하나님의 성전이고, 작게는 마음속의 의지이다. 세리가 주님께 올바른 사람이라고 인정받은 이유는 죄인인 자신에게 베풀어주신 주님의 은혜에 감사 감격하며 모든 공로를 주님께 돌렸기 때문이다.

주님은 이런 말씀을 하셨다. "너희의 정의가 바리새파 사람들과 율법학자들의 정의를 넘어서지 않고서는 결코 하늘나라에 들어가지 못하리라." 이 말씀은 자만을 넘어서야 한다는 의미이다. 즉, 겸손해야 한다는 말이다. 만일 겸손하지 않다면 악을 버릴 수가 없고 거듭날 수가 없다. 주님은 자기를 높이면 낮아지고 자기를 낮추면 높아질 것이라고 말씀하셨다. 그러나 처음에는 겸손하다가도 나중에 자만하면 안 된다.

주님께서 정죄하신 악은 자만이다. 하늘나라에서 가장 위대한 사람은 자신을 낮추어 어린아이 같이 되는 사람이라고 말씀하셨다(마18:4).

자신을 낮추는 자는 주님의 도움 없이는 아주 작은 선도 행할 능력이 없음을 인정하는 자이다. 그러나 악마는 자만하여 주님의 도움을 받고 싶어 하지 않는다. 고로 인간이 천국과 연결되려면 겸손해야 한다.

목자는 양의 이름을 부른다고 했다. 주님은 우리의 목자이시므로 주님을 따르는 자의 영적인 품질을 아신다. 겸손한 자는 위로부터 생명이 계속 자신 속에 흘러들어온다고 믿기 때문에 순수하다. 자만한 사람은 주님의 도움의 필요를 느끼지 않기 때문에 주님께 마음 문을 열지 않는다.

겸손은 야곱의 사다리와도 같다. 천국 사다리는 인간 마음위에 놓여져 천국까지 도달 가능하고, 주님의 천사들이 내려오는 도구로 사용되어 인간으로 하여금 한 계단 한 계단 인격 성숙의 상승이 가능하도록 한다.

자아애

의도의 불순은 자아애에서 비롯된다. 자아애는 두 가지 극단적 양상으로 치우치는데 자아애로 인해 이상적 행동을 보여주는 경우에는 항상 공개적으로 칭송받기를 바라고 자만하며 자기가 최고의 자리에 올라서야 하며 목소리를 높이고 폭력이나 힘으로 타인을 짓밟는다.

반대로 자아애가 이하적 행동을 보여주는 경우에는 자아애가 없는 것처럼 보이지만 이들은 극단적 피해의식에 젖어서 타인을 수동적으로 공격하고 항상 눈치를 보면서 언제나 남을 디디고 높은 자리에 올라설 기회를 엿보고 공개적으로 행동하기 보다는 남몰래 엉뚱하고 거친 행동을 하며 힘 있는 자 앞에서는 아부한다.

이들 모두 한 가지 공통점은 이웃 사랑이 없으며 다른 사람에게 피해를 주고 자신을 변호하고 포장하며 피해의식에 젖어있으며 오히려 피해라고 말을 하면서 타인을 조종하고 통제한다는 점이다.

 만일 한 가정의 아버지가 '자아애' 만을 높이려고 한다면 자녀들과 부인을 돌보지 않고 가정을 책임지지 않으며 폭력으로 일관하며 목소리를 높이고 술에 취해 고성을 지르며 자기 만족에 빠진다. 어머니가 자아애 만을 높이려 든다면 남편과 자녀의 눈을 피해 만족거리를 찾아다니고 무절제하고 험담하고 무리지어 다니고 자신은 남편과 자녀의 피해자라고 공개적으로 비난하여 타인의 공감을 얻어내려고 하고 가족의 건강을 생각하지 않으며 화려한 옷과 귀금속으로 치장하며 귀에 듣기 좋은 말로 현혹되어 마치 공주병에 걸린 자처럼 행동한다.

 이들은 항상 자기중심적이고 만족을 찾아다니고 무엇이든 칭찬해 주기만을 기대하고 혹시라도 누군가가 자기를 비난한다고 생각되면 온갖 낭설로 싸우려고 달겨 든다.

 아버지나 어머니 혹은 자녀라도 자아애가 가득하여 자기가 하고 싶은 일에만 몰두하고 목소리를 높이며 온 집안 식구들을 통제한다고 생각하여 보라. 가족 중 그 누구도 항변할 사람이 없다. 이들에게 대항하면 언제든 복수를 당하기 때문이다. 이들은 자기만 싸고도는 형국이고 남을 경멸하면서 자기만족에 배불리고 다른 이들에게 선한 유익을 줄 수 없다. 이런 사람은 언제나 주관적이고 탐욕적인데 이들은 객관적인 눈으로 자신을 보지 않는다. 자신을 보지 못한다는 것은 그만큼 악에 빠질 위험성이 크다는 것을 의미한다.

자아애에 빠져 있는 사람이 이성이나 양심의 눈으로 자신을 성찰하지 못하고 자기 입장을 합리화하고 변명을 내세우면서 정당성을 주장한다면 변화의 희망은 없다.

아담이 선악의 열매를 먹은 이유는 하나님이 주신 여자가 주었기 때문이고, 하와는 뱀이 꾀므로 먹었다는 핑계를 계속하면 그들은 이미 주관성에 도취된 상태이다.

자아애는 인간에게 주어진 하늘의 질서를 파괴시킨다. 땅은 식물에게 자리를 내어주고 식물은 동물과 새에게 자신을 먹잇감으로 주고 동물은 사람에게 자신을 내어주는 것이 자연의 질서이다. 즉, 타인을 위해 봉사하는 것이 하늘의 질서이다. 그러나 자아애는 이런 우선순위의 질서를 추구하기 보다는 우선 자기만족에 배불린다. 고로 자아애는 질서에 위배될 뿐만 아니라 다른 사람을 파멸로 끌고 간다. 자아애는 늑대가 먹잇감을 노려보듯이 기회를 엿보고 있다가 자기만족을 위해서 남을 지배하고 복수하며 거짓말을 하면서 악을 꾀한다.

자아애는 양심의 구속을 받지 않는다. 자아애는 논리적으로 정당성을 주장하지만 모두 자신만을 위한 것이다. 자아애는 자기 이익과 편의대로 살아간다. 인간이 의도적으로 자아애만을 높인다면 자아애에 더 깊이 빠져들고 말 것이다.

그러므로 인간은 스스로 대인 관계, 재물, 성을 자신이 어떻게 관리하고 있는지 판단해야 한다. 자아애에 빠진 자는 타인을 지배하려고 하며 재물에 집착하며 성을 남용한다. 자아애에 빠진 자는 타인을 지배하려고 하며 학대와 폭력 심지어 살인을 저지른다. 재물에 집착하는 자는 자기 배를 배불리려는 자로 고급 저택과 비싼 차, 값비싼 옷과 명품으로 치장하는 것을 목적한다. 성에 집착하는 자는 누가 되었든지 간에 정욕에 헐떡이며 변태적 취향을 보이고 결혼의 질서를 파괴한다.

자아애에 빠진 이들은 이런 행위를 하면서도 특별의식을 내세우며 자신의 음란하고 부끄러운 행위를 성경구절을 남용하여 자기행위를 정당화한다. 오늘 이런 악을 도모하는 자들이 활개치고, 이들을 허용하는 교회 조직의 슬픈 현실을 보면서 가슴이 아프다. 이들의 행위는 한마디로 신성모독이다. 이들은 지옥의 형벌을 피할 수 없다.

주님은 신성모독에 대해 간음을 행한 여인으로 지적하신다. 이들은 주님의 사랑을 자아애로 변질시켰고, 주님의 지혜를 미련한 지식으로 변질시켰다. 신성한 하나님의 형상과 모양을 음란으로 바꾸어 버렸다. 결국 하늘은 닫히고 땅은 열렸다. 그리하여 이들은 지옥으로부터 악의 기운을 받아들인다. 이들은 하나님보다 사람을 숭배하여 종교가 멸망을 자처하도록 만드는 원흉이다. 이들은 기독교인으로 자신들은 천국에 들어갈 것이라고 믿지만 자아애 때문에 결코 순수한 상태가 될 수 없다.

주님은 어린아이 같이 되지 않으면 절대로 천국에 들어갈 수 없다고 하셨다. 하지만 이들의 상태는 잔인하고 더럽고 냄새나는 쓰레기 같은 상태이다. 마치 상한 음식의 냄새에 파리가 꼬이듯이 이들의 영혼은 이런 더러운 냄새를 오히려 감미롭게 받아들인다. 자아애를 가지고 쾌락을 추구한 자들은 절대적으로 선이 없다.

주님의 나라는 선의 나라이다. 세상에서도 선용에 따라 평가되고 존경받는다면 얼마나 멋진 일인가? 자아애는 자기의 행위를 포장하고 정당화하는데 능숙한 논리를 가지고 있다. 그러나 이들의 논리는 자기만족을 위한 감각에 기초한 논리일 뿐이다. 진정한 논리는 우주만물의 질서에 기초해야만 합리적이고 보편타당하다. 이런 보편적 진리의 지식은 고대인이나 현대인, 남녀노소 누구에게나 적용되어야만 한다. 자아애는 자기의 입장을 설득하기 위한 논리로써 아주 간편하고 편리하게 진리를 왜곡하고 인간을 현혹하여 자기만 배불리며 삶의 질서를 망가뜨린다.

또 다른 관점의 극단적 자아애를 가진 자들이 진리를 소유할 때의 모습에 대해 말하고자 한다. 만일 유대인들이 거짓으로 주님을 영접했으면 그 결과가 어떠했을까?

만일 그들이 주님을 받아들였으면 결국 신성과 거룩을

188

더럽혔을 것이다. 유대인들은 자기들은 특별한 선민으로 여기고 이방인은 지옥의 불쏘시개라고 여긴다. 그리하여 그들은 진리를 왜곡시키고 기독교를 자신들만의 종교로 오염시키고 말 것이다. 성경에는 자아애가 가득한 인간들이 이렇게 될 것에 대해 말씀하고 있다.

 "이 백성들의 마음이 완악하여져서 그 귀는 듣기에 둔하고 눈은 감았으니 이는 눈으로 보고 귀로 듣고 마음으로 깨달아 돌이켜 내게 고침을 받을까 두려워함이라(마 13:15)."

 주님께서는 자아애를 가진 인간들이 진리로 인해 나아진 듯 싶거나 고침을 받는다면 오히려 두렵다고 말씀하셨다. 그 이유는 자아애를 가지고 신성을 모독하기 때문이다. 유대인들은 그들의 역사를 자아애를 가지고 특별 선민으로 여기면서 왜곡시켜온 민족이다.

 주님은 섭리에 의해서 그것을 막으셨다. 인간이 선악과를 먹고 난 이후에 주님께서는 생명나무를 빙빙도는 화염검으로 접근하지 못하도록 막으셨다. 선과 악이 섞이지 않도록 미리 섭리하신 것이다.

하지만 주님은 계명을 준수할 때 생명 나무를 차지할 권리가 주어진다고 말씀하셨다. "생명의 나무를 차지할 권리를 얻고 성문을 통하여 들어가려고 그분의 계명을 행하는 사람은 복이 있다(계22:14)."

모든 종교는 삶과 연관을 가지고 있고 모든 종교의 생명은 진리를 실천하여 선을 행하는 데 있다. 지구상에 존재하는 인간 중에 그 누가 되었든지 간에 그분의 계명을 지키는 사람은 생명 나무를 차지할 권리를 가지게 된다.

주님은 내가 곧 길이요 진리요 생명이니 나로 말미암아 아버지께 온다고 하셨다. 주님이 말씀하시는 '나'는 진리 자체를 의미한다. 즉, 주님의 계명 실천이다.

계명 실천은 생명의 법칙이며 믿음과 행함의 연합된 생명이다. 그러면 무엇을 두고 생명이라고 말하는가?

생명은 한마디로 사랑이다. 순수한 사랑에는 그 자체에 천국을 함유하고 있으므로 사랑 없이는 천국도 없다. 또 계명을 지키는 자는 주님을 사랑하는 자라고 하였다.

그러니까 계명을 지킴으로 사랑을 얻고, 사랑을 얻은 자는 생명을 얻는다. 계명은 하나님께서 인간에게 천국에

들어오기 위해서 주신 열쇠이다. 또한 순수한 인간을 만
들기 위해서 제정하신 증거이다.

 따라서 우리가 계명을 준수하는 것은 그분을 사랑한다
는 증거이며, 계명을 지킴으로 점점 순수한 인간이 되어
간다.

그러므로 계명대로 사는 것이 진리의 길이요 생명의 길
이며 생명 나무를 차지하는 힘을 가지는 것이다. 진정 생
명나무 열매를 얻고자 하면 계명을 지키고 겸손하게 낮
아지고 악을 피하고 선의 열매를 거두어야 한다.

 주님께서는 뱀의 머리를 발로 밟으셨다. 뱀의 머리는 자
아애이다. 자아애에서 벗어나서 겸손한 마음으로 섬기
는 자세를 가져야 한다.

 결론적으로 진리를 순종하기 위해서는 겸손한 마음이
있어야 하고 순수한 마음을 유지하기 위해 악에 오염되
도록 하지 않는 것이 인간이 해야 할 일이다.

그러면 우리가 자아애를 무너뜨리기 위해 무엇을 해야
할 것인가?

HOW CAN I HAVE PURITY OF INTENTION?

8장

또 다른 의도_핑계

천국은 선한 의도를 가진 자에게만 열려 있는 곳이다.
천국은 하나님과 이웃을 사랑하는 자에게만 열려져 있다.
사랑하지 않는 자는 천국 인격이
만들어질 수 없다.

또 다른 의도

또 다른 의도에 대해 생각해 보고자 한다. 그것은 핑계이다. 핑계는 어떤 상황에서 방어하거나 도피하기 위한 계산된 의도이다.

주로 핑계를 대는 경우는 자신의 의무를 성실하게 하지 않았을 때 자신을 보호하기 위한 목적에서 나온다. 핑계 속에는 어떤 의도가 숨어 있다.

흔히 핑계 없는 무덤이 없다는 말이 있는 것처럼 이 세상 사람들은 어느 상황에서는 핑계하면서 살아간다. 종교가 핑계거리를 제공하고 자신의 악을 숨기는 장소가 될 수 있음을 우리는 보아야 한다.

예컨대, 사람들이 자신은 구원받았노라고 말을 한다. 하지만 그가 구원에 이르렀는지는 어느 누구도 자신할 수 없다. 구원에 이른다는 의미는 이른바 천국에 들어갈 수 있다는 말이다. 그러나 그가 세상에 사는 동안에 죄악된 생활을 한다면 그의 믿음을 신뢰할 수 없다. 그럼에도 불구하고 그는 말하기를 구원받았다고 말한다. 그가 그렇게 자신 있게 말하는 이유는 무엇에 근거하는가? 그것은 믿음만 있으면 모든 죄가 해결된다는 교리 때문이다.

믿음은 핑계를 위한 다른 차원의 계산된 의도이다.

나는 오늘날 기독교의 어수선한 문제의 원인은 믿음이 무엇이냐를 정확하게 규명해 주지 않은 것이 원인이라고 여긴다. 무슨 말인가 하면 하나님을 믿는 믿음은 삶속에 실현되어야 하며 그것이 되지 않으면 믿음이 아니다. 진정한 믿음은 머릿속의 생각 차원이 아니라 삶의 결정체이다. 그러나 많은 이들이 믿음이 삶이라는 사실을 알면서도 일부러 인정하고 싶어하지 않는다. 오히려 삶이 없어도 구원받을 수 있다는 교리가 더욱 마음에 든다. 그속에는 자신의 자아만족적 의도를 충족시켜도 된다는 목적이 숨어있기 때문이다.

다른 말로 하면 믿음의 교리를 가지고 자아만족을 위한 목적을 취해도 된다는 확신을 갖는 도구로 사용한다는 말이다. 과연 자신이 의도하지 않았는데 하나님이 인간의 죄를 강제로 씻겨주신다는 말인가? 회개하고자 하는 마음이 없는데 죄 용서가 가능한가? 천국의 순수에 적응하고자 하는 마음이 없는데 어떻게 천국에서 살 생각을 하는가? 천국은 선한 의도를 가진 자에게만 열려 있는 곳이다. 천국은 물질로 구성된 나라가 아니라 선한 상태로 이루어진 나라이다. 천국은 하나님과 이웃을 사랑하는 자에게만 열려 있다. 고로 사랑하지 않는 자는 천국 인격이 만들어질 수는 없다. 사랑은 의도에서 온다. 천국을 의도하지 않는 자는 설령 그것이 선물로 주어졌다고 하더라도 절대로 받고 싶어하지 않는다.

선한 인격은 선한 의도에서 주어지고 악의를 가진 자들은 선에 대해서 배타적이다. 고로 선에 대해 배타적인 사람이 선한 나라에 가고 싶어 하겠는가? 주님으로부터 천국으로 초대 받았다고 해도 그곳에 가고 싶어 하지 않을 것이다. 오히려 핑계를 대고 이리저리 피해 다닐 것이다.

의도에 대해 주님은 이런 비유를 말씀하셨다.

"어떤 사람이 큰 잔치를 준비하고 많은 사람들을 초대하였다. 잔치 시간이 되자 초대받은 사람들에게 자기 종을 보내어 준비가 다 되었으니 어서 오라고 전하였다. 그러나 초대받은 사람들은 한결 같이 못 간다는 핑계를 대었다. 첫째 사람은 '내가 밭을 샀으니 거기 가 봐야 하겠소. 미안하오' 하였고 둘째 사람은 '나는 겨릿소 다섯 쌍을 샀는데 그것들을 부려 보러 가는 길이오. 미안하오' 하였으며 또 한 사람은 내가 지금 막 장가들었는데 어떻게 갈 수가 있겠소 하고 말하였다. 심부름 갔던 종이 돌아와서 주인에게 그대로 전하였다. 집주인은 대단히 노하여 그 종더러 어서 동네로 가서 한 길과 골목을 다니며 가난한 사람, 불구자, 소경, 절름발이들을 이리로 데려 오너라 하고 명령하였다. 얼마 뒤에 종이 돌아와서 주인님, 분부하신 대로 다 했습니다. 그러나 아직도 자리가 남았습니다 하고 말하니 주인은 다시 종에게 이렇게 일렀다. 그러면 어서 나가서 길거리나 울타리 곁에 서 있는 사람들을 억지로라도 데려다가 내 집을 채우도록 하여라. 처음에 초대받았던 사람들 중에는 내 잔치에 참여할 사람이 하나도 없을 것이다(눅14:16-24)."

잔치에 초대

잔치에 초대받은 사람들이 핑계를 대는 장면이 등장한다. 잔치에 초대받은 손님들은 밭을 보러 간다든가 소를 부리러 간다든지 장가를 간다든지 하는 핑계를 대었다. 큰 잔치를 준비하신 분은 주님이시다. 그분은 진리에 굶주린 영혼을 만족하게 해주시고자 영적 잔치를 차려 놓으셨다. 주님께서는 초대에 응답하는 이들을 위해서 천국 양식을 준비해 놓으셨다. 그분의 말씀 안에는 영혼의 양식이 들어 있다. 그래서 의에 주리고 목마른 자는 말씀으로 진정한 만족을 얻게 된다.

주님은 지금도 그분의 말씀을 인간에게 가르치심으로 천국 잔치에 초대하고 계신다. 그러나 초대받은 손님들은 못 간다는 핑계를 대었다. 이렇게 핑계를 대는 이유는 각자의 의도 때문이다. 자신이 목적하는바가 주님의 초대에 맞지 않았기 때문이다. 한마디로 진리를 사모하는 공통점이 없다. 진리에 무관심하다. 그들은 세상이 주는 즐거움과 이기적 목적 때문에 천국 잔치에 참석을 피하느라 이리저리 핑계를 대었다.

세 핑계

이 비유에는 세 가지 핑계가 들어있다. 세 핑계는 진리를 거부하는 자의 불순한 의도의 상태이다.

첫 번째 사람은 밭을 샀으므로 거기 가보아야겠다고 핑계 대었다. 밭은 진리가 뿌려지는 마음을 의미한다. 밭에 가보아야 하겠다는 말은 진리의 잔치에 초대받았지만 진리를 원치 않는 마음이다. 그의 의도는 거짓 교리이다. 그는 거짓 교리가 입맛에 맞기 때문에 진리를 원치 않았다. 거짓 교리는 자기 욕심에 맞는 사상이다. 주님께서 종을 시켜 그에게 오라고 초대했지만 자기 마음에 맞는 이기적 교리가 그의 마음을 사로잡았다.

두 번째 사람은 겨릿소 다섯 쌍을 샀는데, 매매가 이루어지기 전에 부려 보러 간다고 핑계 대었다. 소는 주로 농사에 사용된다. 겨릿소를 사기에 앞서 과연 잘 훈련되었는지 힘세고 건강한 지를 시험해 보는 것은 중요한 일이다. 여기서 소는 일상생활에서 오는 자연적인 애정을 의미한다. 이런 애정은 탐욕이다. 세상을 좋아하는 자는 진리를 원치 않는다.

소를 부릴 때는 멍에를 메게 하거나 소가 동시에 움직이도록 함께 겨리를 지운다. 다섯 쌍이란 열 마리의 소이다. 숫자 열은 포괄적인 의미를 지니고 있다. 하나님께서 이스라엘 백성에게 십계명을 주셨다. 열은 완결된 상태를 의미한다. 열 손가락, 열 발가락은 삶의 다양함을 표현한다. 고로 열마리 소는 세상속에 있는 다양한 애정을 의미한다. 이런 소를 부려보겠다는 말은 세상적 애정에 몰입하겠다는 뜻이다. 세상 즐거움을 누려 보겠다는 의미이다. 세속적 애정을 의도하면서 천국 잔치에 갈 수 없다고 핑계를 댄다.

세 번째의 핑계는 결혼이었다. 중요한 약속이 있으면 진리의 잔치에는 참석 안 해도 된다는 것이 세 번째 사람의 지론이다. 그는 "내가 지금 막 장가들었는데 어떻게 갈 수가 있겠소"라고 오히려 따져 물었다. 결혼은 한 몸 되는 작업이다. 영적으로 애정과 생각의 결합이다. 하지만 타락한 사람의 결혼은 악한 애정과 거짓 생각의 결합이다. 이런 사람은 천국 잔치를 싫어할 수밖에 없다.

그래서 "여건이 이러한데 내가 어떻게 갈 수 있겠나?"

하고 반문한다. 그의 의도는 거짓된 생각과 의지의 잔치

를 더 선호한다.

자신을 정당화 시키는 핑계

잔치에 참여하기 싫어하는 자의 핑계는 하나의 구실에

불과하다. 왜냐하면 땅을 산 자는 잔치에 참석하고 나

서 땅을 보러 갈 수도 있고 소를 산 자도 잔치에 참석한

후에 소를 시험해 볼 수 있다. 장가를 간 사람도 그녀와

의 약속을 잔치 이후로 미룬다고 해서 결혼이 깨지는 것

은 아니다. 잔치에 참여할 의도만 있다면 전혀 지장을 주

지 않는다. 그러나 핑계자는 이런 핑계가 당연한 듯이 말

을 한다. 그것은 참석하기 싫은 의도를 감추기 위한 변명

에 불과하다. 타락한 인간에게 진리의 잔치는 귀찮기만

한 일이다.

글자대로 보면, 이들이 위법을 저지르는 것은 아니다.

밭을 보러 간다는 것, 소를 부려 보아야겠다는 것, 결혼

한다는 것 모두 실생활에서 필요한 일들이다. 그러나 중

요한 것은 의도이다. 세상적인 데 마음을 뺏겨서 영적인 일에 대해 소홀한 것이 문제이다. 사실 이런 시험은 시험이라고 말하기 어려울 수도 있다. 하지만 이런 핑계는 주님으로부터 멀어지게 만든다.

세 가지 핑계는 오늘날 진리에 대해 무관심한 자들이 자신을 정당화시키는 구실에 불과하다. 예컨대 오늘날에는 사업이 바빠서, 돈이 없어서, 할 일이 많아서 등의 핑계를 댄다. 이런 핑계는 논리적인 핑계가 아니다. 모두 본성에서 올라오는 욕심으로 인한 변명에 불과하다.

초대된 자

초대되었던 사람들이 핑계를 대고 잔치를 거부하였을 때 심부름 갔던 종이 돌아와서 주인에게 그대로 전했다. 집주인은 대단히 노하여 말하기를 '어서 동네로 가서 길과 골목을 다니며 가난한 사람, 불구자, 소경, 절름발이들을 이리로 데려 오너라' 고 말하였다.

이번에 초대되었던 집단은 사회적으로 별 볼 일없는 사람, 거지에 가까운 사람들이다.

당시에는 잔치가 벌어지면 제일 먼저 초대된 사람들이

배부르게 먹고 남은 것이 있으면 주위를 맴도는 가난한 자, 거지가 와서 음식을 먹어 치우는 일이 흔했다.

 그런데 두 번째 잔치에 초대된 사람들은 유대인들이 생각할 때 버림받은 자라고 간주했던 이방인들이다. 종들은 길과 골목을 다니면서 둘째 부류의 사람들을 초대했다. 동네의 길(Street)과 골목(Lane)은 마음속 길과 골목이다. 즉, 마음속에 존재하는 길과 골목은 일반적 혹은 개별적으로 교리를 의미한다.

 주님께서는 초대장으로 마음속 애정에 호소했으나 그들은 초대장을 찢어 버리고 말았다. 주님은 또 다시 종을 보내어 마음속 이방인 같은 상태에 호소하신다. 훈육되지 않은 열등한 상태에게 진리 잔치에 참석하라고 부르신다. 이렇게 해서 진리가 우리의 기억 어느 한 귀퉁이까지 찾아 들어간다.

 이번에는 길거리(highway)나 울타리(hedge)곁에 서 있는 사람들을 찾아갔다. 이들은 성 외곽에 있는 사람들이다. 그러니까 교회 밖에 있는 사람들이다. 진리의 지식이 없는 사람들을 말한다. 진리는 이런 사람들에게도 필요하다. 이 사람들도 악을 멀리 하고 선을 행한다면 그들을 위한 자리가 있다는 말이다.

진리를 받아들이는 인격

주님은 우리 마음속에 종을 보내서 진리를 주시기 위해 잔치에 초대하신다. 그런데 우리 마음이 딴 데 정신이 팔려서 이리저리 핑계를 대면서 진리를 거절하게 되면 주님은 마음속 변방에 있는 이방인 같은 마음 구석까지 종을 보내셔서 진리를 주시고자 하신다.

다시 말해서 우리의 자아가 자만심에 빠져서 진리를 거절하면 마음속에 있는 열등한 상태 즉, 단순하고 어린아이 같은 마음이 진리를 듣게 된다는 말이다. 주님은 마음속에 있는 바리새인과 서기관 같이 잘난 체하며 목에 힘이 들어간 정신적 상태를 수단으로 이용하지 않고 각자가 자기 속에서 경멸해 온 것들, 어린아이 같은 상태를 불러 일으켜서 발달시키심으로 구원을 성취하신다.

자신이 가난하다고 여겨 자신감이 빠진 인격, 불순한 것과 뒤섞인 인격, 순수한 진리에 무지한 절름발이 인격, 진리를 볼 능력이 없는 소경같은 인격 등 초라하게 여겨

지는 인격들이 주님의 초대를 받아들여 진리에 호의적인 반응을 보인다. 그 이유는 자신이 무지하고 무가치함을 알고 인정하기 때문이다. 이런 자들이 배고픈 자들이다. 배부른 자들은 진리를 먹고 싶어하지 않는다. 이미 배가 불러서 진리가 들어갈 공간이 없다. 이런 자에게 밥을 먹이는 것만큼 어려운 일이 또 어디 있을까?

 더구나 종들에게 길거리나 울타리 곁에 서 있는 사람들을 억지로라도 데려다가 잔치 좌석을 채우라고 명령했다. 여기서 말하는 억지는 참석할 수 있도록 용기를 주는 어떤 것이다. 어떤 말을 해서든 데려오는 것이다. 주님은 말씀을 통해서 우리를 억지로라도 잔치에 참석하도록 권고하시지 않을까? "수고하며 무거운 짐을 지고 허덕이는 사람은 다 내게로 오너라. 내가 편히 쉬게 하리라, 나에게 오는 사람을 결코 내쫓지 않으리라" 등의 말씀이 우리 마음속에 있는 길거리나 울타리 곁에 있는 심령에게 외치는 말씀이다. 이미 삶에 지쳐 나약해질 대로 나약해진 마음, 생존 경쟁에 밀려 도태되어 마음 붙일 곳이 없고 체면도 무너져 내려 비참해진 상태, 이미 바닥에 주저 앉아 버려 더 이상 헤쳐 나갈 힘조차 없는 상태가 되었을 때 이런 말씀이 얼마나 꿀처럼 달까?

이런 자의 의도는 비록 완전한 의도는 아니지만 절망 속에서 희망을 찾고 어두움 속에서 빛을 찾는 가느다란 의도이다. 절망속에서 희망을 그리워 하는 의도이다.

초대에 응한 이들

주님의 초대를 거절한 이들은 사회적 신분이 높은 종교적 계층이었고 초대에 응한 이들은 지극히 낮은 계층의 사람들이었다. 그들이 진리 초대에 응하게 된 이유는 마음이 옛 전통에 사로잡혀 있지 않았고 신분으로 인한 체면과 관계가 없었기 때문이다. 한마디로 경직되지 않은 유연한 상태의 인격이다.

진리는 머리로 판단하고 행함이 없는 자에게는 철저하게 감추어져 있다. 고로 이미 배부르다고 하는 자들은 진리가 텅 비게 된다. 그러나 의에 주리고 목마른 자는 복이 있다. 그들은 만족하게 될 것이라고 하였다. 이는 의도의 간절함이 들어있기 때문이다.

우리의 핑계

우리는 주님의 초대를 받아들이는가? 우리도 진리의 잔치를 거절하고 있는 것은 아닌가? 우선 우리가 진리를 알고 있으면서 행치 않는다면 진리를 거절하는 것과 같다. 선을 알면서도 행치 않으면 그것은 선을 거절하는 것이다.

베드로의 경우, 그는 주님 앞에서 다짐하기를 다른 사람은 모두 다 주님을 배반할지라도 나는 그러지 않겠습니다 하면서 장담을 하였다. 하지만 그는 여종 앞에서 그만 예수님을 모른다고 부인했고 심지어 저주까지 했다. 그것도 세 번씩이나 했다. 세번 부인했다는 말은 완벽한 부인을 말한다.

고로 우리의 나쁜 행위와 습관을 마땅히 버려야 함에도 버리지 않고 있다면 그것은 하나의 핑계거리를 만들어 낸다는 것을 알아야 한다. 그대로 유지할 수밖에 없는 사정이 있을 것이다. 하지만 그것은 핑계에 불과하다.

손해 보더라도 그것을 포기할 의사가 없기 때문이다. 우리의 못된 버릇과 습관은 진리의 초대를 수용하지 못하게 만드는 핑계들이다. 인간은 항상 핑계를 대는 습관을 가지고 있다. 마땅히 의무적으로 해야 할 일임에도 핑계를 대는 습관은 속에서 쉽게 올라온다.

조선의 성리학자 퇴계 선생은 '선행후지(先行後知)' 라는 말을 했다. 먼저 행하면 나중에 깨닫게 된다는 논리이다. 이 말은 실천하다보면 인격이 만들어진다는 것을 말한다. 따라서 주님의 초대를 기쁘게 응낙하는 방법은 그분의 계명에 순종하는 것밖에 없다. 다시 말해 "만일 네가 영생의 나라에 들어가고 싶다면 계명을 지켜라" 라는 말을 기억해야 한다. 계명에 불순종하는 것은 전국의 초대장을 찢어 버리는 격이다. 주님의 초대는 지금도 존재한다. 하지만 초대받은 자의 핑계는 또다른 불순한 의도의 상태이다. 오늘 매사에 즉각적으로 핑계를 내세우는 자들의 뒷 면모를 보면 자신의 보여주기 어려운 문제를 감추기 위해 핑계를 내세운다.

HOW
CAN
I
HAVE
PURITY
OF
INTENTION?

9장

의도 검토_전반적 상태

먼저 자신의 의도를 검토하기 위해서는 생각을
살펴보면 의도를 파악할 수 있다. 그러므로 생각에
신성 모독, 복수, 간음, 도둑질, 거짓말, 하나님을 대항,
주님을 훼방할 의도가 있는지를 살펴보아야 한다

의도를 검토할 수 있는가?

 이렇게 자신의 의도를 검토할 수 있는가? 의도를 검토하기 위해서는 일단 선한 의도가 있어야만 한다. 그래야만 불순한 의도를 검토할 수 있다. 불순한 의도는 결코 선한 의도를 검토할 수 없다. 악이 선을 평가할 수 없는 이치이다. 고로 선한 의도가 없으면 자신이나 타인의 의도를 검토하기는 불가능하다. 이미 어두워진 눈으로는 밝은 세상을 보기가 어렵다. 하지만 선한 의도의 눈으로 자신을 살펴보면 죄가 발견된다. 마치 빛 앞에 작은 벌레가 보이는 것처럼 말이다.

 누구든지 법을 어기면 처벌에 대한 두려움으로 죄를 안

지을 수도 있다. 이런 경우는 죄지을 여건만 되면 언제든지 죄지을 준비가 된 상태이다. 지금 당장은 죄를 무시하고 있을 뿐이다. 하지만 선한 의도를 가진 자는 자신을 검토하고 죄를 버리고 새 삶을 시작한다. 그러므로 누구든지 선한 의도를 갖고서 악을 제거한다면 그는 진지하게 회개한 사람이라고 할 수 있다.

인간은 본능적으로 권력과 재물에 대해 악한 의도를 가지고 있다. 권력을 갖고자 하는 것은 천국의 하나님이 되려는 지배욕이고, 재물을 얻고자 하는 것은 세상의 하나님이 되고자 하는 소유욕에서 나온다. 인간에게 악을 제거하는 것은 자기 목숨을 잃는 것과 같다(마10:39). 하지만 자기를 잃어버릴찌라도 악을 제거하면 그에 따른 하늘의 보상이 주어진다. 악을 제거하는 사람은 마귀가 뿌려 놓은 가라지를 뽑는 것과 같다. 또한 부드러운 땅에 씨를 뿌리고 추수하는 자와 같다(마13:24-30).

죄가 발견되었음에도 죄를 보지 않으려고 하거나 변명하는 자는 선한 의도가 없는 자이다. 이런 자는 재물을 쌓아두고 선한 일에 사용하지 않는 부자와 같고 달란트를 땅속에 묻어둔 자이고 길가에 떨어진 씨와 같고 열 매 없는 무화과와 같고 등은 가졌으나 기름이 없는 처녀 와 같다.

성경에 "그러므로 회개에 합당한 열매를 맺고 속으로 아브라함이 우리 조상이라 말하지 말라 내가 너희에게 이르노니 하나님이 능히 이 돌들로도 아브라함의 자손이 되게 하시리라(눅3:8)."고 말했다.

선한 의도는 한숨을 쉬면서 '어떻게 되겠지!' 하고 내버 려두 는 것이 아니라 실제적으로 악한 행위에서 떠나는 것이다. 고로 선한 의도는 매우 구체적이다.

자신의 의도를 검토하기 위해서는 먼저 생각을 살펴보 아야 한다. 생각에 신성모독, 복수, 간음, 도둑질, 거짓 말, 하나님을 대항, 주님과 이웃을 훼방할 의도가 있는지 를 살펴보아야 한다.

자신을 검토하지 않는 사람은 피가 썩어가는 병자와 비 할 수 있다. 결국 혈관이 막히고 피가 혼탁하게 되어 독 이 퍼져서 병을 얻게 된다. 그러나 스스로 자신의 의도를 검토하는 자들은 병에서 고침 받고 활력을 회복하게 된

215

다. 자기를 검토하지 않는 자는 골짜기에 버려진 마른 뼈와 같고 검토하는 자는 힘줄과 뼈와 살로 덮여서 생기를 불어넣어 살아있는 사람이 되는 것과 같다(겔37:1-14).

그러면 무엇으로 자기 의도를 검토할 수 있는가?

하루에도 헤아릴 수 없는 수많은 생각이 오고 가는데, 그때마다 어떻게 의도를 검토할 수 있는가? 인간에게는 마치 새가 머릿속에 날아오듯이 생각이 날아온다. 중요한 것은 의도이다. 생각이 떠오를 때마다 과연 내 의도가 무엇인가를 찾아야 한다. 의도가 나를 위한 것인지 아니면 주님을 위한 것인지를 정직하게 스스로 물어 보아야 한다.

그러면 무엇을 보고 선한 의도를 가진 자인지 그렇지 못한 자인지를 구분할 수 있는가? 흔히 일상 생활 중에는 사람의 근본 의도를 분간하기 어렵다. 하지만 목적과 사랑을 보면 구별할 수 있다. 그의 목적을 보면 그가 진정 무엇을 추구하는지를 알 수 있다. 어떤 이는 외모, 출세, 돈, 건강, 지식 등을 목적으로 살아간다. 그는 이런 것을 사랑하는 것이다. 과연 당신은 무엇을 사랑하는 지를 찾

아보라. 자신이 진정 사랑하는 것을 검토한 후에 어떻게

해야 선한 의도를 얻을 수 있는지를 고려하라.

그 다음 자신을 검토한 이후에는 간구와 고백을 해야 한

다. 기도는 순수한 의도를 얻기 위해 하나님의 뜻을 찾는

노력이다. 간구는 악을 저항할 힘과 선을 행하고자 하는

소원을 구하는 것이다. 고백은 자신이 비참한 죄인임을

선언하는 것이다. 욕심을 가지고 기도하는 것은 기도가

아니라 욕심을 충족하기 위한 한탄과 울부짖음에 불과하

다는 것을 알라.

주님께서는 우리에게 자신을 검토하는 마음을 주시고

악으로 인해 슬퍼하게 하셨으며 악에서 떠나려는 마음을

주셔서 새 삶을 시작하도록 영감을 주신다. 고로 인간은

주님을 떠나서는 아무 일도 할 수 없다(요15:5). 선한 의도

를 가지고 악을 이기려고 하면 반드시 주님께 힘과 능력

을 구해야 한다.

선한 의도를 위해서는 기도하는 과정을 거치는 것이 필

요하다. 습관은 제이의 천성이다. 오랫동안 노동했던 자

는 아침부터 밤늦게까지 일하는 것은 쉬운 일이지만 이

제 막 시작하려는 이에게는 고역이다. 마찬가지로 경건한 자에게 선한 의도를 위한 기도는 쉬운 일이지만 욕심에 절어 살았던 자에게는 선한 의도를 구하는 일은 무엇보다 어렵다. 하지만 어렵더라도 극복하여 선한 의도를 가지게 되면 천국을 보게 된다.

자신 안에 있는 의도와 목적을 아는 것이 지혜이다. 지혜로운 자는 자신이 무엇을 원하는 지를 분별한다. 인간은 타인을 위해 봉사를 하더라도 어느새 자기도 모르게 자신을 위한 일로 바뀌는 수가 있다. 처음에 가졌던 순수한 초심을 잃어버리는 경우가 많다. 그리고 자기를 중심으로 일이 돌아가지 않으면 모든 일을 망가뜨려 버리기도 한다. 그러므로 자신의 숨은 의도를 파악하기 위해서는 자신 스스로가 어떤 경우에 희열과 기쁨을 느끼는 지를 주의 깊게 살펴야 한다. 즉, 자신이 타인으로부터 어떤 칭찬을 듣고 싶어 하는 지를 세심하게 살펴야 한다. 즉, 애착을 살펴보아야 한다.

누구든지 자신의 애착을 인식할 수 있다면 그는 어느 정도 순수한 의도를 가진 자이다. 이미 의도가 어그러진 사람은 자신의 내면을 살펴보기는 어렵다. 그러므로 사람은 자기 내면을 예리하게 살펴야만 한다. 왜냐하면 인식에 따라 상태가 변하기 때문이다. 사람은 누구나 자기 자신 안에 있는 애착은 탐색할 수 있지만 분명한 것은 다른 사람의 애착은 탐색할 수 없다는 사실이다. 각자의 애착은 주님만이 아신다. 오직 주님만이 애착의 목적을 정확하게 분별하신다. 사람은 단지 예측할 뿐인데 그마저도 자신의 수준에 따라 예측할 뿐이다. 또한 동일한 애착을 가졌다고 할지라도 서로 다른 의도를 가질 수도 있다는 사실을 알아야 한다.

의도 검토

스스로 의도를 검토하는 자들은 병에서 고침 받고 활력을 회복하게 된다. 의도를 검토하는 사람은 광산에서 금을 캐내는 자와 같으나 검토하지 않는 자는 독사와 흉한 곤충이 있는 더러운 습지와 같다.

의도를 검토하지 않는 자는 골짜기에 버려진 마른 뼈와 같고, 검토하는 자는 힘줄과 뼈와 살로 덮여서 생기를 불어넣어 살아있는 사람이 되는 것과 같다(겔37:1-14).

자기 인식

 자기 인식을 하는 자신의 결점과 부족한 부분을 알기 때문에 상대방을 무시하거나 거만하게 공격하지 않는다. 주님은 자기 인식에 대해 이런 말씀을 하셨다.

 "어찌하여 형제의 눈 속에 있는 티는 보고 네 눈 속에 있는 들보는 깨닫지 못하느냐?(마7:3)"

 눈에 들보가 있는 사람은 남의 눈에 티끌이 있는 것을 보고 판단할 수 없다는 말이다. 자기 인식이 없는 자는 타인의 작은 허물을 보면서 손가락질 한다. 자기 인식을 하지 않는 자는 상대방을 판단하여 그가 죽음으로 끝장날 때까지 물고 늘어진다. 쉬지 않고 비난과 판단을 한다. 쉬지 않고 공격하는 거머리같이 타인을 죽이거나 그로기 상태로 만들어 버린다. 결국 상대방이 죽고 싶다는 탄성이 터져 나올 때까지 법, 인터넷, 방송, 전화 등을 이용하여 온갖 비난을 퍼부어 댄다.

 그러므로 자기의 의도가 상대방을 성장시키려는 것인지

220

혹은 자신의 우월감을 확증하기 위한 것인지를 먼저 검토 해야 한다. 만일 상대방을 성장시키기 위한 목적이라면 순수를 가지고 있다고 할 수 있으나 상대방을 죽이기 위한 것이라면 이미 악이 드러난 것이다.

사회 전반적 상태

이제부터는 의도적 관점에서 본질적인 면에서 사회 각 부분의 목적을 순수한 입장에서 살펴 보려고 한다. 잃어 버린 순수를 되찾기를 바란다.

종교

종교의 목적은 무엇인가? 죄로 허덕이는 사람들에게 진리를 올바로 가르쳐서 선하게 살도록 이끄는 것이다. 예배당의 건물과 완벽한 시설이 목적이 아니다. 그것을 목적을 이루기 위한 수단에 불과하다. 오늘 종교 현실을 보면 현대식 시설이 완벽한 예배당을 가진 교회와 시설이 미약한 가족끼리 운영하는 교회로 분류할 수 있다. 큰 교회와 작은 교회이다. 큰 교회는 일단 재정이 풍부하여 모든 프로그램이 왕성하고 사람들이 활기가 넘친다. 반면에 작은 교회는 그렇지 못한 것이 현실이다. 그래서 갈수록 점점 더 하강하는 것은 당연하다. 종교는 시설에 있는 것이 아니라 사람들로 하여금 하나님의 뜻대로 살도록 가르치고 하나님과 이웃을 사랑하도록 권면하는 데 있다. 이런 주님의 대강령의 실천이 빠졌다면 교회가 아니다. 또 목사는 진리를 온전하게 전하거나 가르치는 자들이다. 목사는 부귀영화를 누리고자 함이 아니라 모든 세상 욕심을 포기하고 일생을 자신이 섬기는 신의 뜻대로 살고자 헌신된 자들이다. 의도의 순수성의 입장에서 과연 오늘날 교회는 무엇을 추구해야 하는가?

교육

 교육의 목적은 무엇인가? 바람직한 인간상이다. 학교를 진리의 전당이라고 한다. 학교에는 선생과 학생이 있다. 과거에는 스승의 그림자도 밟지 않는다는 말이 있을 정도로 선생을 존경해 왔다. 그러나 지금은 선생을 지식을 전달하는 수단으로 여길 뿐, 인격을 배우고자 하지 않으며 선생 또한 그렇게 생각하지 않는다. 교육은 백년대

계라고 하였다. 교육은 건전한 가치관을 함양하도록 이끌어야 한다. 그렇다면 무엇이 문제인가? 의도의 순수성 입장에서 오늘의 교육은 무엇을 먼저 회복해야 하는가?

병원

병원의 목적은 무엇인가? 병을 치료하는 곳이다. 병원에서 병을 치료하는 것을 목적하지 않고 돈을 위해 약, 수술이 조정된다면 과연 병든 자는 어떻게 될 것인가? 또한 병원 유지를 위해 의사가 환자를 유치하기 위한 수단을 꾸민다면 어떻게 될 것인가? 병원은 순수한 의도로 환자를 치료하기 위해 도움을 주어야 한다.

상인

물건을 매매하는 목적이 무엇인가? 물건이 필요한 구매자에게 물건을 손쉽게 구하도록 하는 것이다. 만일 상인이 비싸게 물건을 팔거나 정량을 속이거나 상한 물건을 판다면 그것을 구매하는 자들은 어떻게 되는가? 순수한 의도로 생각해 보자!

법조계

판사는 공정하게 판결하고 변호사는 억울한 자가 없도록 하는 것을 목적한다. 그러나 정치적인 이유나 돈을 목적으로 판결을 굽게 하거나 돈을 위해 거짓된 변론을 일삼는다면 어떻게 되겠는가? 순수 의도로 볼 때 어떻게 해야 법이 세워질 것인가?

군인, 경찰

 나라의 방위와 치안과 질서를 담당하여 국민들이 안심하고 생활하도록 하는 것이 군인과 경찰의 임무이다. 권력자가 군인이나 경찰의 힘을 무기로 사사로운 감정으로 국민의 삶을 제한하고 폭력을 행사하고 치안을 담당한다면 얼마나 무고한 자들이 고통을 당할 것인가? 순수한 의도로 볼 때 어떻게 해야 백성들이 안전하도록 도울 것인가?

국회의원

국민의 뜻을 모아 나라의 법을 제정하여 국가의 기틀을 세워나가는 일을 하는 것이 국회의원이다. 국회의원이 국민의 민의를 모으기보다는 표를 목표로 주민을 현혹시키고 남의 흠을 들춰내어 여론몰이를 하며 파당을 만들어 싸움에 몰두하고 정권을 잡고자 세상을 시끄럽게 한다면 국민이 어떻게 그를 믿을 것인가? 진정 더 높은 가치관에 대한 분명한 철학이 없고 무엇이 옳고 그름을 분별하지 못하고 순수한 의도가 없다면 어떻게 되겠는가?

연예인

 연예인은 사람의 희망을 모아 드라마를 만들고 노래를 불러 정서적인 평안을 안겨주며 권선징악을 목적해야 한다. 청소년이나 어린이들에게 연예인의 영향력은 매우 크다. 순수한 의도로 사람들의 상상력을 계도하고 소통하는 삶으로 인도해야 한다.

언론

 언론은 세상에서 일어나는 온갖 일을 전파나 영상을 통해 전달하는 일을 한다. 언론은 객관성이 생명이다. 언론의 목적은 모든 국민들의 앎을 위함이다. 그러나 정치적 목적으로 편파 보도하거나 왜곡되고 거짓된 방송을 한다면 그것을 보고 듣는 국민들은 어떻게 될 것인가? 자칫 잘못하다가는 국민을 호도할 위험성이 있다. 더구나 인민 재판하듯이 언론이 개인의 사생활을 비난하는데 열을 올리기 시작하면 억울한 희생양이 나오기 마련이다. 어린이들이 무엇을 보고 배울 것인가?

 어느 특정인의 실수나 잘못을 인터넷을 이용하여 수많은 사람들이 보거나 듣게끔 하여서 한 인간을 매도하는 일은 더이상 눈뜨고 보기가 어렵다. 일방적인 의견으로 상대방을 비난하는 목적으로 세상사람들에게 이른바 가짜 뉴스를 전함으로 그야말로 막말하는 세상이 되었다. 그래서 악의적인 어투로 듣고 보는 이들을 자극하고 흥분시켜 수많은 이들이 참여하도록 유도하고는 광고 수익을 얻고 있다. 우리나라 말은 다 들어보아야 한다고 했다. 그리고 아— 다르고, 어— 다르다고 하였다. 뉴스는 진행자의 사견이 들어가서는 안되며 양심에 의존하여 전해야 한다. 그러나 악의를 가지고 편견된 방송을 하므로 거짓을 만들고 순진한 자를 구덩이를 떨어뜨리는 일이 비일비재하다. 이들에게 있어서 한 인간을 정신적으로

매장하는 그리 어렵지 않다.

이 일을 보면서 오늘날 사회의 한심스러운 단면을 보고 한탄할 수 밖에 없다. 어떻게 저렇게 쉽게 타인의 일면을 보고 판단할 수 있는가? 어떤 이의 윤리, 도덕적인 문제를 두고 성폭력, 성중독이라는 말을 듣고 내게 물어본 자에게 나는 이렇게 대답했다. "성폭력은 법원의 판결 사항이고 성중독은 정신병원의 의사의 일인데, 판결이나 진단 내리지도 않은 남녀간의 문제를 두고 그렇게 판단할 수 있는가?" 이렇게 누구라도 양심을 품고 소문을 퍼트린다면 개인을 깊은 수렁으로 빠뜨릴 수 있게 된다.

중요한 것은 의도의 순수이다. 이것이 빠지면 객관성을 잃어버리고 반드시 희생양이 생길 수밖에 없다. 목욕물이 더럽다고 목욕통 안에 있는 아기까지 버릴 것인가?

오늘날 언론의 안타까운 현실이다. 그러므로 악의적 수단으로 누군가를 죽이기 위해 언론을 이용한다면 전형적인 의도의 불순이다. 진실로 무서운 세상이고 놀라운 일이다.

악의를 가진 자들이 득세하는 세상이다. 악의의 폭풍을

227

막는 길은 사회법이다. 그러나 법보다 더 상위에 있는 법은 마음의 법 즉, 양심이다.

 그러므로 대중 앞에서 말을 하는 자는 양심에 의존하여 문제를 인식하는 자세와 자신의 판단으로 억울한 자가 나오지 않도록 배려해야 한다. 이를 위해서 자신의 의도를 끊임없이 검토하는 자세가 필요하다.